John Muckle

Frédéric Watson

Writat

Cette édition parue en 2024

ISBN : 9789359944029

Publié par
Writat
email : info@writat.com

Contenu

AVANT-PROPOS

Le monde entier connaît l'histoire de l'Insurrection de 1745. C'est une histoire que chaque génération chérit avec une affection intacte. Certains l'ont qualifié de dernier élan de chevalerie dans l'histoire moderne, et c'est sans doute pour cette raison que lorsque d'autres aspects plus vitaux seront oubliés, la campagne du Prince Charlie maintiendra sa fascination et son glamour.

Dans une époque particulièrement banale et sordide, il portait l'esprit de romantisme jusqu'au trône lui-même ; à une époque presque dépourvue de loyauté et de patriotisme, il glorifiait la bravoure imprudente et l'abnégation du dévouement.

Que Charles Édouard Stuart ait pu débarquer avec seulement sept partisans et emporter tout cela avant lui jusqu'au cœur même de l'Angleterre est assez merveilleux. Mais qu'aux jours de son malheur et de sa fuite, personne ne se soit trouvé pour réclamer la récompense de sa vie, c'est encore plus beau. Que des hommes pauvres, sans armes et sans instruction étaient prêts à mourir par centaines est un témoignage qu'il n'est pas facile d'oublier.

De ces grands jours où l'armée jacobite marchait vers le sud, beaucoup a été écrit, et les faits sont familiers à tous. Mais on sait moins de choses sur ces jours gris qui ont suivi Culloden Moor, et dans les derniers battements de la cause jacobite, il y a beaucoup de choses qui doivent nécessairement dérouter et rendre perplexe le lecteur occasionnel.

Les opinions des Highlands étaient largement divisées. Il y avait des clans jacobites et des clans hanovriens, tandis qu'entre les deux se trouvaient des hommes comme le major Fraser de notre histoire, soucieux de se tenir à l'écart des deux. Il y avait des chefs dévoués comme Lochiel, des chefs intrigants comme Lovat, des chefs hésitants et frivoles comme Macleod, ou carrément traîtres comme Glengarry et Barisdale, et il y avait des tragi-comédiens comme le pauvre Murray de Broughton, qui était plus détesté qu'il ne le méritait.

Enfin il y avait, comme des coquelicots dans le grain, les aventuriers, des hommes qui n'avaient rien à perdre et quelque chose à gagner (comme Muckle John lui-même), au service d'aucun chef, ni clan, des maraudeurs plus jacobites que hanovriens, tels des oiseaux de proie planant pour le tuer. C'est de cette face du '45 que j'ai principalement traité.

Il ne faut pas non plus oublier les jalousies de clan, et la haine universelle des Campbell joua, comme toujours, son rôle misérable. Ceux qui condamnent Cumberland et ses troupes ne doivent pas oublier que, lors des persécutions qui suivirent Culloden, la traque des fugitifs fut ardemment poursuivie par la milice des Highlands et les hommes de l'Argyllshire.

L'histoire d'une campagne n'est qu'un éclair dans l'histoire d'une nation. Longtemps après, le tonnerre se tait. La Rébellion de 1945 n'a été que le fusible qui a détruit d'un seul coup le système clanique des siècles. À partir de Culloden, le passage de l'ancien vers le nouveau fut rapide et tragique.

FRÉDÉRIC WATSON

CHAPITRE I

COMMENT LE PRINCE CHARLIE EST ARRIVÉ À INVERNESS

C'est souvent votre garçon le plus stupide qui est le plus sympathique, d'une manière impuissante. Non pas que Rob Fraser soit un nigaud, mais il y avait dans ses yeux bleus sans ombre une innocence confiante que seul un coquin aurait pu tourner à son avantage.

Rob n'était pas considéré comme prometteur à l'école, et pendant l'étude de matières telles que le latin et le grec, son esprit semblait concentré sur le pays suivant, et il n'était pas non plus considéré comme fiable aux jeux, car ses mouvements étaient en accord avec ses pensées, ce qui étaient plus souvent sur la truite dans la piscine que sur la balle dans sa main.

C'est cette abstraction qui le séparait des autres garçons de son âge, non pas parce qu'il était impopulaire, non pas parce qu'il manquait de courage, mais simplement parce qu'il restait silencieux pendant des jours et ne faisait aucune confiance. C'était un état d'esprit qui poussa sa tante, bonne femme, à une sorte de fureur arctique. Pendant des années, elle s'est efforcée de le chasser, mais cela n'a servi à rien si ce n'est à l'envoyer sur les collines pendant des jours ensemble.

Il arrive un moment où on ne peut plus battre un garçon plus grand que soi. Non pas que Rob se serait plaint ou aurait refusé de se soumettre. Il était indifférent à de telles choses. Il avait beaucoup d'esprit, un caractère obstiné et incendiaire, mais ce n'était pas ainsi. Si cela a consolé sa tante de le battre, qu'elle le fasse par tous les moyens. D'après tout ce qu'il savait, c'était peut-être une coutume séculaire des jeunes tantes.

Miss Macpherson était avant tout une femme pratique, et c'était l'indifférence rêveuse de Rob aux faits qui l'inquiétait. Rester assis à observer des muirfowls pendant des heures ensemble était plus que ce que tout corps sensé pouvait tolérer. Et c'était Rob partout. Il savait où se trouvaient les truites de deux livres dans les brûlis des collines. Il pourrait apporter un courlis du vallon voisin dans une parfaite frénésie d'agitation pour savoir ce qui se passait. Il passait des nuits ensemble à regarder des renardeaux jouer sous la lune. Mais il n'avait aucune tolérance à l'égard de l'école et de ses tâches.

Il était allongé au bord d'un ruisseau ce jour de printemps lorsque tout s'est produit. Il n'entendit pas les pas et ne vit pas l'ombre sur l'eau, mais tout à coup se tenait à côté de lui un monsieur très grand et agréable, vêtu d'habits d'équitation et avec une belle claymore à ses côtés.

"Câlin?" dit-il très affablement. "Je me soucie du jour où je pourrais disposer les bonnies en rangées sur la berge."

Rob le regardait de ses yeux ingénus.

"C'est bien d'être jeune", continua l'étrange gentleman, "mais il n'y avait pas de jours comme avant."

"Pourquoi dites vous cela?" » a demandé Rob.

L'étranger réprima un sourire face à sa curiosité avide.

"Ils disent cela", répondit-il, "depuis que Robert Bruce l'a entendu de son grand-père."

"Mais était-ce que le bon vieux temps était si beau ?"

"Assez bien," répondit-il distraitement; "Assez bien et pourtant aucun n'est bien non plus - il y a un petit air qui me tient à cœur..." et il sortit de sa poche un curieux petit instrument en roseau, en forme de piccolo.

Puis, assis sur un rocher, il joua un petit air tendre, un œil fixé sur Rob pour voir comment il le prenait, et sa tête penchait très drôlement sur le côté.

"Voilà les 'Brogues of Fortune' pour vous", dit-il.

"Est-ce un air très ancien ?" » demanda Rob, très impressionné par le gentleman.

"Aussi vieux que les collines, mon garçon, et c'est incalculable - aussi vieux que la brûlure et les ombres sur le brae, car cela fait partie intégrante de tout cela, juste relié par moi-même."

"Tu l'as fait?"

"Hech ! il n'y a pas de quoi s'amuser. Je les fais toute la journée. Je ne peux pas manger mon dîner mais mes pieds chantent sur un air qui n'a pas de nom et je dois le faire jusqu'à ce que j'aie un moment libre. Faites-les en effet ! "

"Que faîtes-vous d'autre?" » demanda Rob, de sa manière innocente et directe.

L'étranger rit.

"J'entends la chouette passer au-dessus du brae la nuit, je peux voir le cerf accroché parmi les rochers, je peux attraper la loutre en train de jouer."

"Pouvez-vous appeler la belette de son trou ?" » a demandé Rob.

"Peut-être que je peux," répondit l'autre, "mais essayez d'abord."

À cela, devenant plutôt rouge au visage, Rob poussa un léger cri comme celui d'un lapin blessé, comme le cri d'un rat pour être strident. Il y parvint encore et encore, mais rien ne bougea dans l'endroit cassé sous la berge.

"Rien de si grave", dit l'étranger, et en distendant ses lèvres, il poussa un tel cri qu'il glaça le sang de Rob. C'était la terreur de la chasse, la peur de ce qui allait suivre et l'écoulement du sang.

Et devant leurs yeux, à moins d'un mètre de distance, dès la première note, la forme souple d'une belette bondit en frémissant sur la bruyère.

"Cela demande beaucoup de pratique", a déclaré l'étranger de peur de paraître trop fier.

Mais Rob était complètement écrasé.

La belette a plongé vers son repaire et s'est allongé, l'étranger a raconté à Rob les voies des choses sauvages jusqu'au crépuscule. Bientôt, sans même un bonjour mais seulement un signe de tête, il boutonna son manteau et traversa la brûlure et partit gravir la colline, et Rob ne le revit plus, du moins pas pendant deux années complètes et plus, pas en effet jusqu'à l'arrivée des Jacobites. à Inverness en 1946.

Il était environ neuf heures du matin le 18 février 1746, que deux cavaliers entrèrent dans la ville d'Inverness.

Or, cela n'a peut-être rien d'étrange, mais plutôt la manière dont ils sont arrivés, qui ont été au galop précipité. Rob Fraser, se précipitant vers le lycée, eut à peine le temps de s'écarter alors qu'ils remontaient Church Street, leurs bêtes en sueur. Rob leur lança un rapide coup d'œil alors qu'ils passaient en trombe, remarquant que l'un avait perdu son chapeau et l'autre ses étriers ; que les deux chevaux étaient des bêtes fraîches, nourries à l'herbe, fraîchement sorties des champs, puis, d'un pied rapide et léger, il se lança à leur poursuite.

Le lycée voyait peu Rob quand les promesses de nouvelles allaient. Car il faut dire qu'en 1746, Inverness était dans un tumulte rare et personne ne savait exactement comment l'avenir était prévu.

En août de l'année précédente, le prince Charles Édouard Stuart avait débarqué en Écosse, avait gagné les clans sous sa bannière, avait vaincu les forces gouvernementales à Prestonpans et avait marché en Angleterre. Ne recevant aucun soutien dans le sud, il retourna vers le nord avec sa vaillante petite armée. Puis vint la seconde victoire à Falkirk, et la retraite vers Inverness avec le duc de Cumberland à leurs trousses.

C'est à ce moment-là que deux cavaliers galopant imprudemment dans les rues d'Inverness allaient forcément créer du tumulte. Personne ne pouvait prédire ce qui allait se passer dans les prochaines semaines. Inverness était jacobite par instinct ; mais le mot « rebelle » n'avait aucune saveur agréable. En vérité, les braves gens de la ville ne savaient plus comment pleurer.

Mais ce n'est pas le cas de Rob Fraser. Malgré les opinions de son père, malgré les paroles amères d'Ephraim Macaulay, le maître d'école, et le visage austère du ministre, Rob Fraser était un jacobite irréprochable.

Pour un garçon de seize ans, il était de constitution légère, mais souple et nerveux comme un renard des collines. Ses cheveux étaient plus longs que de coutume aujourd'hui et recouverts d'un large bonnet bleu. Ses traits étaient réguliers et nets, ses yeux sombres et sombres, ses joues et son cou bronzés par le vent et le temps sauvage. Dans sa veste grossière et son kilt délavé, avec ses bas déchirés et rapiécés et ses chaussures richelieu trempées, il offrait un spectacle assez étrange – on ne dirait pas l'image idéale d'un héros de romance. Il ne portait pas de sporran, un tel luxe n'était pas pour lui, et son kilt n'était qu'un rouleau de tartan ceinturé autour de sa taille, mais il se comportait avec toute la dignité de sa race. C'était un écolier, mais en dehors de l'école, il était un Fraser, et les Fraser n'étaient-ils pas sur le terrain avec le maître de Lovat ? C'était une époque où les écoliers disposaient de peu de temps pour les cours. La nuit précédente, Lauchlain Macintosh avait échappé aux sentinelles et prévenu du projet de capturer le prince Charlie à Moy Hall. Pendant des mois, on ne parla pas à Lauchlain au lycée. En effet, les choses étaient trop critiques pour les sommes et les balises de grammaire. Déjà le prince menaçait Inverness. À tout moment, il pouvait y avoir une bataille aux portes mêmes de la ville, et qui pourrait dire ce qui pourrait alors arriver ?

Pendant ce temps, les deux cavaliers avaient arrêté leurs bêtes fumantes sur la place du marché, et celui qui avait perdu son chapeau se soulevait sur ses étriers et criait au silence. Rob, se frayant un chemin parmi les gens, est arrivé à temps pour entendre ses premiers mots.

"Nous sommes allés au pas de course", s'écria l'homme en gaélique, "car l'armée du prétendant marche même maintenant sur votre ville."

À cela, il y eut une clameur soudaine de voix, certaines applaudissant, et pas mal de huées, car le nom de « Prétendant » n'était pas agréable aux oreilles jacobites.

Mais Inverness était aux mains des Hanovriens, et ainsi le bruit s'apaisa et tous les regards se tournèrent de nouveau vers l'homme à cheval. C'était un grand garçon au visage rouge, très pompeux et suffisant, et si ses cheveux n'avaient pas semblé si risibles à cause de la perte de son chapeau, il aurait pu énormément impressionner ses auditeurs.

La nouvelle qu'il avait apportée provoqua une étrange émotion dans la ville. Les gens commencèrent à parler par petits groupes sur la chaussée, les tavernes se remplirent rapidement de commérages, les volets se mirent à claquer et des visages anxieux regardèrent aux coins des fenêtres.

Soudain, dans la rue, un bruit de piétinement retentit et une vingtaine d'yeux excités se tournèrent dans l'espoir de voir l'armée des Highlands entrer dans la ville. Mais non : c'était la garnison hanovrienne forte de deux mille hommes, commandée par Lord Loudon, sur le point d'évacuer. À ce moment-là, la confusion devint plus intense, et les ardents Jacobites pouvaient difficilement s'empêcher de revêtir la cocarde blanche, tandis que les Hanovriens moins ardents ne savaient s'ils devaient applaudir ou prendre la fuite, et que les honnêtes commerçants arboraient de longues visages pensant à leurs marchandises, car qui pourrait les protéger. contre des caterans sauvages des Highlands, affamés après une longue marche ?

Rob se glissait de groupe en groupe, écoutant un mot ici et là, sentant dans son cœur un mépris amer pour ces gens des rues et des magasins.

Les soldats hanovriens avaient quitté Inverness à midi et, traversant le Moray Firth, se retiraient dans le Ross-shire, et le bruit des voix continuait toujours, et çà et là un groupe d'hommes parcouraient les rues avec des claymores à leurs côtés, prêts à marcher. pour l'arrivée du Prince. Finalement, Rob Fraser, fatigué de ne rien faire, se tourna en direction de l'école et, se faufilant dans l'embrasure de la porte, il fut étonné de la trouver très calme et vide, et sans aucun signe de garçon ou de maître.

De ce maître, dont le nom était l'étrange Ephraim Macaulay, il faut dire quelque chose.

Il était arrivé à Inverness trois mois plus tôt, sur présentation du Lord Président Forbes, et son prédécesseur avait été invité à prendre sa retraite. Toute cette affaire était très mystérieuse. Les uns disaient que le vieux maître d'école (qui était un jacobite de tout cœur) reviendrait, et d'autres qu'il était en disgrâce auprès du gouvernement et comptait comme un conspirateur des Stuarts. Quoi qu'il en soit, M. Macaulay est apparu et, à partir du moment où il était entré dans la maison, Rob l'avait haï de tout son cœur.

M. Macaulay était un homme extrêmement grand et mince, très droit et sans sourire, avec un long visage en forme de hache. Il était décemment vêtu de vêtements noirs et portait des boucles argentées sur ses chaussures, mais il y avait quelque chose d'étrange dans ses manières et dans son secret, et des rumeurs avaient couru selon lesquelles il voyait trop Lord Loudon. Son aspect ressemblait fortement à celui d'un faucon, du fait de son habitude de regarder le vide sans ciller. Pendant des minutes, il restait ainsi debout, puis tout d'un coup il sursautait et regardait fixement autour de lui de ses yeux noirs et sombres, et s'éveillait, pour ainsi dire, à ses devoirs, qu'il semblait trouver tout à fait ennuyeux et décourageants.

Rob entra sur la pointe des pieds dans la pièce où il avait l'habitude d'écouter (un peu distraitement) les paroles d'Ephraim Macaulay, et traversant la pièce, il scruta le passage sombre qui menait au bureau du maître d'école.

La porte était entrouverte, et de la pièce au-delà arrivait un bruit de voix, un grognement sourd à voix basse, comme si deux hommes étaient en conversation étroite – et très pleine de conversation. Il entendit une chaise tomber comme si un homme s'était levé d'un bond, et tandis qu'il hésitait, M. Macaulay cria « Muckle John » sur un ton de surprise et d'agitation. "À Inverness", répondit une autre voix étrange à Rob.

Rob se retourna pour s'enfuir, mais alors même qu'il le faisait, le murmure des voix cessa, et avant qu'il ait pu s'enfuir, la porte du bureau fut rejetée en arrière, et le long bras du maître d'école jaillit et agrippa son épaule. Cela fut fait si vite qu'il ne put même pas se baisser pour se mettre en sécurité, et avant qu'il ait pu se dégager, le compagnon du maître lui avait coupé la retraite et lui avait agrippé les bras. Il avait été surpris en train d'écouter aux portes.

M. Macaulay jeta un coup d'œil à Rob avec une méchanceté indubitable, puis, se levant d'un bond, il posa les mains sur sa canne.

"Qu'avez-vous entendu?" » demanda-t-il brusquement, mais avec de l'anxiété inscrite sur son visage.

"Rien", dit Rob avec vigueur, "je ne savais pas qu'il y avait quelqu'un là-bas."

"Viens, Rob," dit le maître en parlant avec un fort accent des basses terres, "Je vais te cuirer pour écouter aux portes, ne serait-ce que pour rien d'autre," et il commença à s'approcher lentement, ses doigts se contractant sur ses côtés, humidifiant ses lèvres avec le bout de sa langue. sa langue.

"Es-tu prêt, Rob ?" dit-il en faisant le tour de la table, la tête avancée et un sourire sinistre sur le visage.

Le garçon fit un pas en arrière, de sorte qu'un tabouret se trouvait entre eux, et jeta un coup d'œil autour de lui pour chercher un moyen de s'échapper. Derrière lui se trouvait la cheminée, et à sa droite la fenêtre ouverte, mais si haute et si petite que seul un chat aurait pu l'atteindre et passer au travers.

"Vous avez appris votre nouveau métier rapidement", dit l'étranger en riant. Cela frappa Rob, aussi désespéré qu'il fût, comme une chose étrange à dire.

Pendant ce temps, le maître d'école avait commencé à déboutonner lentement son habit et à retrousser les manches de sa chemise. Son compagnon s'était assis près de la porte, pour laisser suffisamment d'espace pour ce qui allait arriver. Les secondes défilaient, et Rob restait immobile, ses yeux allant ici et là, jusqu'à ce que soudain ils se posent sur le mur au-dessus de la cheminée. Or, un ancêtre de l'ancien maître avait été un homme d'une certaine prouesse, et c'était sa claymore qui pendait au-dessus de la tablette de la cheminée et qui fascinait tellement les yeux de Rob. La poignée du panier pendait jusqu'à un mètre de son bras. Pourrait-il y parvenir !

Lentement, M. Macaulay plia son manteau et le déposa. Il savourait cette prolongation de l'agonie. Cela n'a jamais été sa manière d'en finir avec quelque chose. Il agitait même un peu la canne pour mieux retrouver son équilibre. Et puis, d'un bond rapide, Rob avait sauté sur le tabouret et saisi l'épée contre le mur.

Poussant un cri de rage, le maître d'école envoya sa canne siffler vers le bas, mais elle tomba court, et avec un grand coup, Rob arracha la claymore et l'envoya tournoyer en cercle autour de lui.

Et à ce moment-là, au loin, montant et descendant, le chant éclatant de la cornemuse entra en flottant par la fenêtre ouverte. Pendant un instant, ils restèrent tous debout comme des personnes dans un tableau.

"Le prétendant!" haleta l'étranger en se levant.

Le maître d'école laissa glisser la canne de ses doigts sur le sol.

« Humph ! » dit-il en regardant Rob, "c'est comme si nous allions reporter votre passage à tabac, mon garçon." Il s'assombrit un peu, fronçant les sourcils, puis déverrouillant lentement la porte, il s'écarta pour qu'il puisse passer. Mais quand il vit que Rob tenait toujours l'épée, il hésita et posa la main sur le bras du garçon.

"Qu'est-ce que ça veut dire ?" Il a demandé.

"Cela signifie", répondit Rob, la tête haute, "que je ne suis pas votre élève, M. Macaulay, mais un soldat, si le prince m'accepte."

"Oh, il vous aura assez raison", ricana le maître; "Il n'en est pas beaucoup, et la corde ne coûte pas cher. Au revoir, ma belle recrue. Nous nous reverrons probablement."

Ne prêtant aucune attention à ses paroles, Rob se précipita vers la porte et sortit sur la route.

Le bruit des cornemuses remplissait les rues étroites et les acclamations des habitants montaient et descendaient au fur et à mesure que passaient les troupes du prince.

Soudain, le volume du bruit devint assourdissant et des chapeaux furent lancés en l'air de tous côtés. Il aperçut un instant un jeune homme monté sur un cheval bai qui souriait et hochait la tête, tenant son bonnet à la main.

Et dans cette vision rapide, Rob l'a reconnu pour le prince Charlie, pour qui il était prêt à risquer sa vie.

L'ARRIVÉE DE MUCKLE JOHN

Le bruit sourd des pas passait à toute allure sur la route. Qu'une telle armée ait provoqué une telle panique sur le trône anglais et plongé Londres dans un état de terreur sauvage, était étonnant et doit toujours le rester. Mal vêtu, mal armé, en haillons, décharné, indiscipliné, il présentait un spectacle qui ressemblait davantage à un rassemblement de vagabonds affamés qu'à un soldat conquérant.

Beaucoup étaient des hommes assez âgés, beaucoup étaient des créatures rabougries et maladives, toussant terriblement en boitant. Des garçons, pour la plupart sans chaussures ni bas, certains n'ayant pas plus de seize ans, constituaient une bonne partie de cette force désespérée. Beaucoup de ceux qui possédaient des épées les avaient attachées autour de la taille avec des cordes de paille. Peut-être qu'un tiers de l'ensemble de la force était habilement équipé de targe, de claymore et de dirk, tandis qu'un certain nombre avaient des lance-feu en bandoulière dans le dos.

Ils étaient peut-être poussiéreux, en lambeaux, avec des plaies aux pieds, mais pour Rob, ils étaient des héros de romance. Il regarda au-delà de leurs visages hagards, de leurs pieds ensanglantés et de leurs vêtements miteux. C'était une armée de vétérans encore invaincue. Ils se comportaient avec la confiance de la victoire, acceptant les acclamations d'Inverness avec l'air d'hommes recevant leur dû.

À travers une sorte de brume, Rob voyait les tartans se balancer, regardait des visages barbus inconnus, captait le reflet du soleil sur la blancheur froide de l'acier. La foule autour de lui commençait à s'éclaircir ; les dernières troupes étaient passées. Déjà, la route était un tumulte de gens ondulants et excités.

Or, derrière Rob se trouvait une taverne appartenant au major Fraser de Castleleathers, un ancien ami de Lord Lovat, mais tombé dans l'adversité. C'était un grand homme rubicond, âgé d'environ soixante-six ans, et qui ne s'intéressait particulièrement ni aux Jacobites ni aux Whigs. Rob le connaissait bien. Il avait passé de nombreuses soirées heureuses à écouter ses histoires sur les grands jours d'autrefois.

Le major Fraser pensait que les choses en étaient arrivées à une période assez délicate lorsque les troupes anglaises poursuivaient de bonnes gens dans la campagne. Rob l'entendit le dire depuis la porte de la taverne. Il se tenait sur la plus haute marche et regardait, les yeux mi-clos, les Highlanders disparaître.

Au-dessus de son large front rouge, ses cheveux blancs flottaient au vent capricieux de février.

« Que toi, Rob », cria-t-il, « viens vers toi, mon garçon », et il frissonna et trépignait intérieurement, Rob sur ses talons.

À l'intérieur de la salle des fêtes, il y avait un occupant solitaire. Il n'avait évidemment jamais bougé à cause du tumulte extérieur, car ses jambes étaient sur la tablette de la cheminée et sa tête était enfoncée dans sa poitrine. Tout ce que Rob pouvait voir, c'était un dos très large et un grand cou rouge. Il le considérait comme un individu extrêmement puissant, plus habitué à la selle ou aux collines qu'aux tavernes.

"Est-ce qu'ils ont réussi ?" grogna l'homme près du feu, d'une voix profonde et méprisante.

"Ils l'ont fait", répondit Castleleathers en fermant la porte, "et Frasers parmi eux."

"Ça suffit, et le Maître n'est qu'un garçon, James, fraîchement sorti de l'université. Son père a beaucoup à répondre."

"Je sais bien, mais qui sait comment cela va se terminer ? Je ne me briserais pas le cœur si le vieux Sim avait le cou jeté..."

L'homme près du feu a fait tomber ses pieds avec fracas et a fait un écart sur sa chaise. Pour Rob, il y avait quelque chose d'étrangement familier chez lui.

"Laissez-moi vos créances douteuses", dit-il, "J'ai un problème à régler avec Lovat, et..." puis voyant Rob, ses yeux se plissèrent et il tomba dans un soudain silence.

"Whist!" dit Castleleathers, "c'est seulement Rob."

Mais l'autre ne dit rien de plus, se contentant de froncer les sourcils vers eux deux, puis tout d'un coup il poussa un petit sifflement en regardant par-dessus leurs épaules.

La fenêtre se trouvait désormais à environ quatre pieds du sol – un seul carreau – et Ephraim Macaulay, le maître d'école, regardait à travers elle. L'espace d'un instant, Rob le vit, puis, d'un bond, l'étranger se présenta à la porte. Il resta un moment à regarder la rue de haut en bas, puis revint.

"James," dit-il, "je savais que j'avais raison, et quand je vois ton visage, je sens que des ennuis se préparent aussi sûrement que lorsque les corbies naviguent sur le brae."

"C'est le maître d'école", dit Rob.

Mais ni l'un ni l'autre ne l'écoutèrent et, sans un mot, le major le prit par les épaules et le poussa dehors dans la rue, fermant solidement la porte derrière lui. Avec l'étrangeté de tout cela frais sur lui, Rob a saisi sa claymore et a commencé à rentrer chez lui. Il se demanda où il avait déjà vu le grand homme dans la taverne Fraser, ou s'il avait rêvé de lui. Bien que déroutant, son souvenir était curieusement vivant à sa manière.

Rob logeait chez sa tante, la sœur de sa mère, et n'avait pas honte d'admettre qu'il avait une saine terreur pour Miss Margaret Macpherson. Que dirait-elle de ses projets ? Quoi, en effet ?

Miss Macpherson était très grande et extrêmement maigre. Son visage était aussi sombre qu'un flanc de colline balayé par le vent, et il y avait un éclat de pierre dans ses yeux gris qui semblait transformer l'atmosphère même en gel. Sa silhouette était faite de points et d'angles, saillant là où ses épaules s'élevaient vers son cou et semblant s'étendre indéfiniment dans ses bras. Rob connaissait ces longs bras nerveux avec leurs mains fines et noueuses toujours prêtes à fondre. L'attitude habituelle de Miss Macpherson ressemblait à celle d'un grand oiseau de proie, doté d'un bec et de griffes puissants, bondissant rapidement et se relevant de nouveau pour s'asseoir et observer sur un rocher.

Elle était assise devant le feu lorsqu'il entra, et lorsqu'elle vit l'épée dans sa main, son visage sombre se transforma rapidement – un resserrement rapide, comme si elle avait reçu un choc mais ne voulait pas l'admettre.

"Tante Margaret," dit Rob, pressé d'en finir, "je marche avec les hommes du prince Charlie demain."

Elle fit mine de se lever, puis s'assit là où elle était, seules ses mains tremblaient en les tenant près du feu.

"Alors l'école est finie," dit-elle doucement, "et maintenant nous partons à la guerre, n'est-ce pas ? Un beau spectacle qui sera pour le fils de ton père. C'est la potence maintenant, n'est-ce pas, avec une étiquette en lambeaux. et un beau prince ? Vous aurez besoin d'un vernis pour cette épée, je pense, et de quelques banniques pour vos voyages. Oh, je vais vous cuisiner des banniques, ma mannie – de belles banniques chaudes.

Elle le regardait attentivement, tout le temps, voulant l'effrayer, et, voyant qu'il restait inébranlable, elle haussa les épaules et se mit à mettre la table, ses bras longs et maigres agrippant la vaisselle. Rob remarqua avec des yeux abattus qu'elle préparait les choses pour une personne.

"Quel âge as-tu ?" » demanda-t-elle enfin, le dos toujours tourné.

"Il était seize heures", répondit-il lentement.

"Oui," dit-elle, "je suppose que oui."

Elle le regarda alors avec un air étrange, comme si elle l'aurait battu si elle avait pu. Puis, posant un autre plat sur la table, elle lui fit un signe de tête pour s'asseoir à côté d'elle.

"Rob," dit-elle après un long silence, "pour moi, tu as toujours été un sous-bois pendant tes années. Il me semble que c'est hier que tu es venu."

"C'était il y a huit ans", répondit-il, toujours sur ses gardes.

"Si longtemps?" dit-elle en prenant son couteau, mais sans rien manger.

Le repas s'est déroulé dans le plus grand silence. Rob aurait donné tout un monde pour s'absenter. Il ne savait pas ce que pensait sa tante, il ne pouvait pas le deviner. Son visage n'exprimait rien, seuls ses yeux le fixaient sans ciller, comme les yeux insondables d'un aigle.

« Rob, » dit-elle enfin, « quand recevez-vous vos ordres de marche ?

"Demain, tante Margaret", répondit-il. "Vous ne devez pas être attristé par mon départ ; je ne peux pas rester ici lorsque mes gens sont dehors. Bien sûr, nous ne pouvons pas quitter Inverness pendant un moment."

"Votre vieux renard, Lovat, est en sécurité à la maison", rétorqua-t-elle. "Quand le chef attend, il n'est pas bon que les membres du clan bougent."

"Mais le Maître est dehors", s'empressa-t-il d'ajouter, faisant référence au fils de Lord Lovat, qui commandait le clan Fraser.

"C'est la chatte sournoise qui est assise au sommet du mur. Eh bien, eh bien", a-t-elle conclu, "ce qui est fait est fait, alors allez vous coucher avec vous et dormez."

Rob, cachant sa joie devant l'apparente complaisance de sa tante, se leva et lui souhaita une très bonne nuit - pour laquelle elle le remercia sombrement - se dirigea vers la chambre voisine, et se jetant sur son lit, il s'endormit bientôt profondément.

Il faisait nuit noire lorsqu'il se réveilla environ deux heures plus tard, et il se réveilla si soudainement qu'il se mit au lit, écoutant attentivement. Quelqu'un avait sûrement parlé dans la pièce ! Mais il n'y avait aucun bruit, seulement les cris du vent nocturne dans la rue. Et puis il lui parvint aux oreilles un murmure sourd de voix dans la cuisine, et un léger bruit comme celui de chaussures qui tombent sur le carrelage. Traversant furtivement la pièce, il s'agenouilla devant la porte et écouta avec une soudaine crainte dans le cœur.

Pendant un instant, il n'entendit rien du tout, puis, avec horreur, il entendit le murmure d'une voix qu'il connaissait trop bien : l'accent aigu et nasillard de M. Macaulay, le maître d'école, en conversation étroite avec sa tante.

Ils étaient si près de la porte qu'il pouvait entendre chacun de leurs mots.

"Je vous dis que je l'ai vu", dit le maître d'école.

"Mais qu'en est-il de cela ? Tout le monde sait que le vieux Castleleathers est en sécurité, tout comme M. Hossack lui-même."

"Peu importe deux épingles pour Castleleathers, c'est l'autre que je veux..."

"Tu veux dire le grand homme..."

"C'est vrai. Si je peux mettre la main sur lui, je jetterai un filet sur plus de rebelles que si nous avions Lovat lui-même."

"Mais Rob n'en sait rien. Ce n'est qu'un gamin devenu fou à cause des soldats. Il aura tout oublié le matin."

"Pas lui, mais s'il peut me dire où se trouve quelqu'un dont je ne dirai le nom à vous ni à personne d'autre, je veillerai à ce que son cou soit sain et sauf."

"Alors continuez", murmura Miss Macpherson, "car je doute que nous devions sauver Rob si nous le pouvons. Vous avez la corde."

"C'est vrai," répondit le maître.

Puis suivit un silence complet, et une seconde plus tard le léger grincement de la porte derrière laquelle il s'accroupit. Rob se leva d'un bond et s'arrêta irrésolument. Il n'était pas armé et impuissant.

Très lentement, la porte commença à s'ouvrir. Il le savait au souffle d'air sur son visage. Dans l'obscurité totale, il se pencha près du mur, attendant qu'ils le dépassent vers le lit.

Mais à ce moment-là résonna très faiblement, comme le soupir du vent — la reprise lointaine d'un air — une petite bobine tordue de mélodie sur laquelle dansent les fées.

"Prise!" murmura Macaulay d'une voix basse et tendue.

"Ce n'est qu'un coup de sifflet pour garçon", dit sèchement Miss Macpherson, "dépêchez-vous."

Mais il semblait avoir peur de quelque chose dans son esprit.

"Ce n'est pas un sifflet de garçon," répondit-il d'un ton maussade, "mais la pipe de Muckle John."

Alors Rob aurait pu crier de joie, car il savait en un clin d'œil qui était le grand homme de la taverne de Fraser, qui n'était autre que l'étranger sur la lande qui avait attiré la fouine hors de son antre. Plus près se fit entendre la musique, puis un violent coup à la porte de la rue et une voix d'homme criant pour entrer.

"Whist!" » dit sa tante, et on frappa de nouveau.

"Qu'est-ce qu'il y a ?" elle a pleuré.

"Ouvrir!" » répondit la voix – une voix grave et grave comme le bruit d'un taureau. "Ouvrez au nom du Roi !"

« Mieux vaut ouvrir, maîtresse Macpherson », conseilla le maître ; "même si je le ferais, je sortirais d'ici. Si j'avais une épée, mais qui a déjà vu un dominie avec une chose pareille ?" et il riait tristement, tandis qu'on frappait furieusement à la porte. Bientôt, Rob aperçut la lumière jaune d'une bougie et entendit le bruit des boulons tomber.

Un courant d'air froid de la nuit entra dans la pièce, et avec lui entra un homme grand et formidable, si grand qu'il devait se pencher presque en deux pour entrer, vêtu d'habits d'équitation et son chapeau enfoncé sur son visage.

Rob se glissa dans la pièce. À côté de lui se tenait M. Macaulay, la corde toujours suspendue dans ses mains. Sa tante faisait face à l'inconnu, tenant la bougie bien haute pour que ses rayons tombent sur son visage.

Ils restèrent donc un moment debout, puis l'étranger ferma la porte derrière lui, ôta son chapeau et fit une grande révérence.

"Madame", dit-il, "je demande votre pardon pour cette apparente incivilité."

« Madame, » dit-il, « je vous demande pardon pour cette apparente incivilité ; mais je suis nouveau venu à Inverness, et je suis cantonné ici jusqu'à demain.

(Pas si nouveau, pensa Rob, conscient de la taverne de Fraser.)

Pendant tout ce temps, les yeux bleus alertes de l'étranger parcouraient la pièce à toute vitesse. Ils s'arrêtèrent un moment sur la corde dans les mains du maître, aperçurent Rob d'un coup d'œil (mais sans apparence de reconnaissance qui le chagrinait), puis retournèrent vers Miss Macpherson, qui n'avait jamais reconnu sa présence par un mot ou un signe de tête.

"Monsieur", dit Rob à l'étranger, "M. Macaulay était en train de vous demander."

"Merci," répondit-il, "mais j'ai déjà vu la corde dans ses mains. Peut-être qu'elle pourrait être utilisée à un meilleur usage..."

M. Macaulay était aussi près de la porte que l'étranger. D'un bond, il l'atteignit et le rejeta. Et puis, dans un autre tourbillon d'air, il disparut dans la nuit.

L'étranger regarda son départ les sourcils levés et un sourire aux lèvres, puis il se dirigea vers la porte et la ferma, la verrouillant avec précaution.

"Pour le moment", dit-il en se tournant vers Rob, "il est parti : vous n'avez pas peur de ma compagnie, n'est-ce pas ?"

Il le saisit doucement par chaque épaule pendant qu'il parlait et le regarda dans les yeux.

Rob secoua la tête. Peur de l'homme de la lande ! Il fut soudain rattrapé par la curieuse timidité de cet homme mystérieux avec ses yeux bleus perspicaces et impénétrables, son grand nez montagnard, la torsion fantaisiste qui se cachait aux coins de sa bouche et sa tête massive très haut près des chevrons à travers l'immense hauteur. de lui.

Ses vêtements avaient une coupe étrangère et il trahissait l'inflexion d'un accent étrange sous-jacent à ses paroles accompagnées de gestes occasionnels des mains qui semblent affectés et féminins à un habitant du Nord. Sa voix était très grave et douce et si persuasive que peu de gens pouvaient lui résister. Même dans la colère, il n'était jamais dur, mais certains disaient qu'il ne se laissait jamais mettre en colère et que c'était précisément pour cette raison qu'il gagnait toujours sa propre voie. Même Miss Macpherson ne l'a mis en colère qu'une seule fois.

Pendant ce temps, l'étranger les regardait tous deux avec une drôle d'attention. Si seulement un honnête homme pouvait rencontrer le regard d'autrui sans broncher, alors il devait être un homme très honnête en effet, car il y en avait peu qu'il ne pouvait pas regarder, et qui plus est, il prenait plaisir à le faire.

"Comment t'appelles-tu ?" » demanda-t-il en saisissant toujours le garçon par l'épaule.

"Je m'appelle Rob Fraser", répondit-il, "et voici ma tante, Miss Macpherson."

"Alors je suis en bonne compagnie", dit-il, et lâchant Rob, il commença à se réchauffer les mains près du feu, les tournant d'avant en arrière vers le feu. "C'est bon," songea-t-il au bout d'un moment, "d'avoir à nouveau une odeur de tourbe dans les narines. Quelle belle pièce ici. Il y a peu de casseroles comme celles d'Inverness, je le garantis. J'aimerais bien goûter un banique de votre cuisine, Miss Macpherson. Je reconnais une bonne bannique quand je la vois, et cela fait longtemps que je n'ai pas goûté à la vieille Écosse..." ce à quoi il soupira et regarda le sol.

Un peu apaisée, malgré elle, Miss Macpherson remit la table et s'affaira parmi ses ustensiles de ménage. Au-dessus du feu de tourbe, une marmite se balançait sur une chaîne accrochée à une poutre transversale au-dessus. L'endroit était plein de cette odeur rare. Mais l'étranger ne dit rien, même s'il devait chercher une bassine. Au lieu de cela, il attira Rob vers le feu et lui parla de sa voix basse et musicale, assis sur un tabouret avec son grand manteau accroché à une patère à côté de lui et la vapeur qui s'en échappait et se perdait dans le bleu de l'odeur de tourbe.

"Je vous ai vu ce jour-là", dit-il. "C'était juste après le passage de nos forces, que Dieu les aide. Je ne supporte pas de les regarder. Je me sens comme un homme regardant une procession d'enfants et de mourants..."

"Avez-vous participé à une autre guerre?" » a demandé Rob.

"La guerre", dit-il, "ce n'est pas la guerre. Man Rob, j'ai servi dans toute l'Europe et j'ai vu les armées de Frédéric avancer comme le tonnerre des vagues sur une île occidentale. J'ai vu le service en Pologne, en Autriche et en Autriche. aux Pays-Bas. J'ai combattu sous Saxe.

Il fit une pause et sembla tirer un certain plaisir du visage rouge et des yeux avides de Rob.

"L'année dernière, j'étais allongé devant Tournay sous un ciel étoilé tandis que tout autour de moi respiraient des milliers d'hommes qui gisaient avant de nombreuses heures sur le champ de Fontenoy. C'est la guerre, Rob, pas parcourir le pays avec quelques centaines de puir Hielan' corps."

"Mais je m'engage", dit-il, considérablement refroidi par de tels propos.

L'étranger renifla le pot de manière très audible. La saveur était plus que ce qu'un homme affamé pouvait tolérer.

"Vous feriez une militante rare, Miss Macpherson," dit-il, "Rob est sûrement stupide de penser à perdre un tel ragoût pour tous les trônes d'Europe."

"Ce n'est qu'un ragoût ordinaire", dit-elle avec une légère rougeur sur les joues.

"C'est peut-être pour vous, Miss Macpherson - je ne le nierai pas - mais en tant qu'homme qui n'est pas étranger aux ragoûts, je l'appellerais par un autre nom..." et il fit claquer ses lèvres et en avala une autre gorgée avec goût.

"Weel, weel", murmura Miss Macpherson, et, ôtant le couvercle, elle planta un couteau dans un morceau de viande et, avec une cuillère, elle vida la sauce sur une assiette.

"Amène ton tabouret", dit-elle en déposant les banniques à côté de lui. Puis, après un moment d'hésitation, elle posa sur la table une bouteille ronde et noire. "Cela vient du chemin Laggan", a-t-elle déclaré.

"Un beau pays", répondit-il, et il s'y rendit sans tarder avec le plus grand enthousiasme.

Pendant ce temps, Rob s'approchait du feu et déposait une ou deux tourbes sur la lueur mourante. Il se souvint soudain à quel point il avait été sur le point de devenir la proie des projets de sa tante, et pourtant, à regarder son visage, on aurait dit qu'elle ne souffrait ni de déception ni de ressentiment. Il y avait une forte veine de fatalisme chez Miss Macpherson.

Quand l'étranger eut fini de manger, il repoussa son tabouret et s'essuya très délicatement la bouche avec un foulard.

"Et maintenant, monsieur," dit-il en s'adressant à Rob, "de quoi parlez-vous de guerres ?"

"Oui", répéta Miss Macpherson en s'éclairant, "vous pouvez très bien demander cela, Monsieur..." elle hésita.

"Peu importe," répondit-il rapidement, "mon nom restera."

"Je veux me battre pour le prince", dit Rob avec vigueur ; "J'ai cette Claymore." Et il l'a ramené du coin où il se trouvait.

Un seul regard suffisait à l'inconnu.

"Vous arrivez cent ans trop tard, mon homme", dit-il en regardant l'épée rouillée d'un œil critique.

"C'est tout ce que j'ai", a déclaré Rob.

"Et tout ce à quoi vous êtes bon", rétorqua sa tante.

Pendant ce temps, l'étranger était assis, le menton posé sur une main, un froncement de sourcils sur le visage. Tout à coup, il remua avec inquiétude.

« De quel genre de discours s'agit-il ? il pleure. « Demain ou le lendemain, nous nous verrons dispersés comme de la volaille ; mais nous avons couru pour notre argent, tandis que toi, pauvre garçon, tu auras couru pour sauver ta vie. Attends un petit, il y aura d'autres soulèvements », auxquels il s'arrêta et gagna un sourire de Miss Macpherson pour ses conseils courageux.

« Merci, monsieur, » dit-elle cordialement ; "et écoutez ce gentleman, Rob, car il dit des mots vrais."

Rob était sur le point d'entrer par effraction lorsque l'étranger lui fit signe de se taire.

« Prenez votre temps, » dit-il, « et choisissez votre propre allure, car il y a une sorte de vaine satisfaction à cela à la fois – et je vais jouer un petit air, si vous me le permettez. Sur quoi il s'inclina devant Miss Macpherson, et elle s'inclina en retour, mais jamais avec autant de raideur.

Puis, sortant de la poche de son manteau le même roseau que Rob avait entendu deux ans auparavant, il se mit à jouer, et sa manière de jouer était comme le chant d'un mavis au crépuscule. Il joua des airs à la fois écossais et étrangers, des bribes de musique étranges et mélancoliques très envoûtantes à entendre, puis, tout à coup, il entonna une mélodie jacobite, et Rob resta assis, les yeux rivés sur lui, tandis qu'un grand silence régnait sur l'endroit.

Le feu s'était éteint, et la pièce tombait dans l'obscurité lorsqu'il cessa, et ce n'était que pour poser la pipe sur la table. Car du silence sortit la voix la plus merveilleuse ; et l'étrange gentleman, se levant, chantait une vieille plainte des Highlands comme si son cœur allait se briser. Rob jeta un coup d'œil à sa tante et vit que sa lèvre – cette lèvre de fer et résolue – tremblait. Même la voix de l'étranger brisa la tristesse totale de tout cela, ce qui le fit tousser et sourire, et puis, avant que Rob ait pu lever les yeux (cela lui sembla n'avoir aucun début, tant cela se fit si vite), l'étranger était sur lui. ses pieds, et même pendant que Miss Macpherson cachait secrètement une larme, il avait saisi son sifflet et se trouvait en plein milieu d'une bobine Highland. Avec ses doigts ondulant dc haut en bas dans les trous de la chose, et l'inclinaison impulsive de sa tête, et la manière dont il gardait le rythme avec ses pieds, et ses épaules et tout son corps – avec tout cela et la lumière dansante du feu et le vent coupait la rue : c'était comme l'ouvrage d'un bogie. S'il avait été un petit homme avec des boutons d'argent, des chaussures à boucles d'argent et une veste de velours, alors on ne peut dire qu'il se serait peut-être joué dans la cheminée et au-dessus de la bruyère, avec Rob et Miss Macpherson à ses pans de manteau.

La musique montait plus vite. C'est devenu plus sauvage. Cela a remis Rob sur ses pieds et l'a fait sauter et claquer des doigts avec frénésie. L'étranger était ici et là, manquant des notes car il ne pouvait pas tout faire d'un coup, et tourner en même temps. Et puis, juste au moment où la diatribe atteignait son paroxysme, Miss Macpherson était également de la partie, d'abord les jupes délicatement tenues au sol, puis les bras sur les hanches, s'inclinant, virevoltant, tournant. L'étranger jeta sa pipe. À la place, il en chanta le rythme, et ainsi, face à Miss Macpherson, ils cabriolèrent et lièrent les bras, battirent des mains et s'accrochèrent jusqu'à ce que les tabourets sautent partout sur le sol et les bannocks après eux, et que la table se balance sur ses pieds dans le coin.

"Eh bien, mon garçon", haleta le monsieur après la fin en s'essuyant le visage, "avez-vous réglé l'affaire ?"

"Monsieur", s'écria Rob, "c'est le prince pour moi."

"Eh bien, eh bien", dit-il en se rasseyant, comme s'il l'avait deviné.

"Je crois que vous avez chanté ainsi exprès", dit sèchement Maîtresse Macpherson, maintenant parfaitement consciente du danger et considérablement honteuse d'elle-même.

« Sur mon serment, madame, » répondit-il, « j'ai déconseillé au garçon de le faire ; vous m'avez entendu de vos propres oreilles.

"Mais ces chansons ?"

"Tuts," dit-il, "que sont les chansons ?"

L'aube était déjà à l'est et une faible lumière grise brillait sous la porte.

En sursaut, l'étranger se leva.

« Le jour est proche, dit-il sombrement, il faut que je marche » ; et pendant une respiration ou deux, il regarda Rob dans les yeux.

"Et moi aussi, si je peux vous accompagner", dit Rob en jetant un coup d'œil à sa tante.

Elle lutta un instant contre sa colère, puis, le prenant brutalement par l'épaule, elle le secoua.

« Allez-y alors, » cria-t-elle, « mais je ne dirai pas que c'était avec ma permission. Et vous, monsieur, faites ce que vous pouvez pour lui.

"Madame", dit l'étranger en l'enveloppant dans sa capote, "je vous le promets."

"Quel nom portez-vous ?" » demanda soudain Maîtresse Macpherson.

Il parut un instant un peu désemparé.

« Mon nom, répéta-t-il, est Muckle John.

"Ce n'est pas une sorte de nom", a-t-elle lancé.

"Cela me suffit", répondit-il, et touchant l'épaule de Rob, ils passèrent dans la rue.

De loin venaient les notes aiguës de nombreuses cornemuses et le léger mouvement des hommes rassemblés.

"Rob," dit sournoisement Muckle John, "je pensais que tu avais oublié."

"Je t'ai connu tout de suite", a déclaré Rob, "mais tu ne m'as jamais regardé."

"Est-ce que non," dit Muckle John, "peut-être qu'il y avait des raisons, Rob - il y a des gens qui feraient le monde pour un de mes amis, mais il y en a d'autres, Rob - il y en a d'autres."

CHAPITRE III

LA FIN DE LA CAUSE JACOBITE

La position du prince Charlie à Inverness était extrêmement critique. Au nord se trouvaient les forces de Lord Loudon. À l'est et au sud se trouvait l'armée hanovrienne commandée par le duc de Cumberland, désormais stationnée à Aberdeen. Mais sa position fut rendue encore plus précaire par le manque de prévoyance en ignorant les conseils de Lord George Murray et en refusant de fournir des provisions dans les Highlands.

Jugeant que le duc n'avancerait pas avant quelques semaines, le prince décida la réduction des différents forts et positions tenus par l'ennemi, et surtout la destruction de l'armée de Lord Loudon.

Il fut donc convenu que Lord Cromartie (un de ces officiers incompétents qui handicapaient la cause jacobite) s'avancerait sur Lord Loudon afin que la menace venant du nord puisse être détruite, et ce, il se prépara à le faire, accompagné des Mackenzie. , les Mackintosh, Macgregors et autres.

Les préparatifs de cette expédition étaient en discussion lorsque Muckle John et Rob arrivèrent dans la rue principale. Pendant un moment, ils marchèrent en silence, Muckle John devint soudainement gravement absorbé et fit de si grands progrès que Rob eut du mal à suivre. L'aube était venue et avec elle la ville d'Inverness commença à bourdonner et à bourdonner comme une ruche d'abeilles. Les hommes, cantonnés dans chaque maison le long de la rue étroite, commencèrent à affluer sur la route, certains mettant leur ceinturon d'épée en arrivant, d'autres essuyant le sommeil de leurs yeux fatigués avec leurs mains jointes.

Ce fut la vue de leurs Claymores qui envoya les yeux vacillants de Muckle John vers son compagnon.

" Mon garçon, " dit-il en s'arrêtant brusquement, " il y a une chose que nous devons voir aussi. Pour couper du bois de chauffage ou conduire des bêtes, je suis sûr que cette arme pourrait servir aussi bien qu'une autre, mais pour le jeu de guerre, c'est décevant", et sortant sa propre épée, il fit une parade ou deux et lui fit un clin d'œil.

* Bétail.

"Qu'en penses-tu ?" » dit-il, et il le remit au fourreau.

"Je pense que c'est joli", dit Rob en frissonnant à cause du vent glacial.

"Bonny, espèce de fou de Fraser, quel genre de mot est-ce pour désigner l'épée de Muckle John," et sans un mot, il tourna le dos et recommença à remonter la rue à grands pas, reniflant en avançant.

"Mais, monsieur," s'écria Rob, sur ses talons, "et moi ?"

"Vous," s'écria Muckle John en colère, "qu'est-ce qu'en effet ?"

"Je ne connais rien aux épées", dit Rob, soucieux de l'apaiser à tout prix.

Muckle John s'arrêta et regarda d'abord le sol, puis Rob, et ainsi de nouveau le sol.

« Rob, » dit-il enfin, « ne feriez-vous pas mieux de rentrer chez vous ?

"Jamais!" s'écria-t-il.

Sans un mot, l'autre tourna de nouveau les talons, et ainsi, dans un silence austère, ils atteignirent le centre de la ville.

" Rob, " dit Muckle John, " vous voyez cette maison là ? C'est là que réside le prince, et là, à la porte, il est, et avec lui Lord George Murray, un soldat courageux mais non irlandais, et donc pas au-dessus de tout soupçon. ".

Sur le pas de la porte, le prince Charlie parlait d'une manière vexée et irritée à un monsieur à l'air très colérique, qui semblait dans une bulle de colère qu'il pouvait difficilement contrôler.

"Viens avec moi, Rob", dit Muckle John, "et garde les yeux ouverts et la bouche aussi serrée qu'une pierre tombale."

Alors qu'ils s'approchaient, le Prince laissa ses yeux se poser sur la silhouette massive de Muckle John, puis hocha la tête distraitement comme un homme dont les pensées sont lointaines. Lord George Murray, de son côté, le salua avec une certaine cordialité, et se tournant de nouveau vers le prince, il poursuivit sa conversation.

"Je peux assurer Votre Altesse qu'aucune aide ne viendra de France", a-t-il déclaré. "Fitzjames est capturé, et ce n'est pas la dernière..."

Le prince se mordit la lèvre avec une amère contrariété.

"Votre Seigneurie a toujours été très sûre d'un désastre," dit-il d'un ton maussade, "un long visage porte une longue histoire."

"À moins que nous repoussions Loudon, nous sommes comme des rats pris au piège", a poursuivi Murray en ignorant les mots.

"Vous oubliez Prestonpans, mon seigneur."

L'autre secoua la tête avec inquiétude.

"Les hommes sont fatigués et fatigués de tout cela", répondit-il, "ils veulent rentrer chez eux, ce ne sont pas des soldats réguliers..."

« Que diriez-vous pour parler ainsi ? » dit le prince en se tournant tout à coup vers Muckle John.

"Monsieur," répondit-il, "vos troupes sont épuisées. Mais dans les montagnes, vous pourriez résister à l'ennemi jusqu'à ce qu'il reprenne ses forces."

"Mais il n'y a pas d'argent, aucun signe d'hommes ni d'armes. Qu'en est-il de la France, qu'en est-il des Jacobites anglais ?"

"Quoi en effet ?" » dit une voix basse depuis la porte.

Les regardant tous se tenait un jeune homme d'une trentaine d'années, un homme mince, mince, à l'air anxieux, vêtu de vêtements noirs soigneusement entretenus. C'était M. le secrétaire Murray ou, pour lui donner son nom complet, John Murray de Broughton.

« Que les Jacobites anglais n'échappent pas à leur juste châtiment », dit-il gravement, « si un désastre nous attend », et il soupira et regarda de l'autre côté de la rue.

"Dois-je aller vers le nord pour aider Lord Cromartie ?" » demanda Lord George Murray, qui détestait Broughton.

Le prince fronça les sourcils comme s'il aimerait connaître le but intérieur d'un tel plan. Alors, ne voyant que celui de la raison et du bon service, et pourtant doutant très sincèrement de ce dernier, il répondit presque brusquement :

"Nous verrons ce que Sir Thomas Sheridan a à nous conseiller", tandis que le visage de Lord George Murray s'assombrit d'une rage étranglée. Pour un homme qui avait risqué sa vie, sa fortune et celle de son peuple pour dépendre des caprices d'un aventurier irlandais n'ayant rien à perdre et tout à gagner, c'était suffisant pour ruiner n'importe quelle cause. Déjà la fin des années 45 était en vue.

Muckle John s'inclina et entraîna Rob. Quelques minutes plus tard, Lord George Murray les croisa avec un air meurtrier, en direction du Nord.

" Peut-être voyez-vous maintenant, " dit Muckle John, " comment le vent souffle. Voilà un aussi bon soldat que possible, mais vous constaterez que tout ce qu'il conseillera sera contredit par n'importe quelle pauvre créature irlandaise ou Français qui passerait par là. " " Plus Cumberland restera confortablement installé à Aberdeen, plus il y aura de temps pour l'intimidation et la désertion et le début de la fin, " soupira-t-il, " Je donnerais quelque chose pour être sur le quai de Dunkerque, car il n'y a rien ici pour. des gens comme moi, mais une corde avec un petit nœud coulant.

L'affaire consistant à procurer des armes à Rob fut ensuite entreprise, et ce fut en effet un jour de fierté lorsqu'il attacha une targe sur son dos et une claymore à son côté. Il était attaché à la colonne volante de Lord George Murray à la poursuite de Lord Loudon, et ainsi, le soir de ce jour-là, il fit ses adieux à Muckle John.

La marche vers le nord s'est déroulée sans incident et, en temps voulu, avec seulement une expédition victorieuse à son actif, Rob est revenu avec le duc de Perth à Inverness et a été envoyé à Atholl avec les forces de Lord George Murray.

Au cours des semaines suivantes, les combats de guérilla des détachements d'Atholl et de Lochaber furent complètement couronnés de succès, tandis qu'à l'est le prince tenait à distance les dragons du général Bland. On ne se rend pas pleinement compte que la campagne autour d'Inverness n'a pas été moins brillante et réussie que les autres engagements de la rébellion jacobite.

Mais la guerre approchait d'une crise. Cumberland ayant attendu le printemps, quitta Aberdeen le 8 avril, ses forces composées de six bataillons d'infanterie et d'un régiment de dragons. A Strathbogie, le général Bland, avec six bataillons, Kingston's Horse et Cobham's Dragoons, attendait son avance, tandis qu'à Old Meldrum se trouvaient trois bataillons sous les ordres du brigadier Mordaunt. De cette manière, l'armée entière s'avança sur Inverness.

La rapidité de leur approche fut presque fatale au prince. Ses troupes étaient dispersées dans des expéditions de recherche de nourriture et isolées, tandis que Lord Cromartie était aussi loin que le Sutherlandshire. De nombreux membres du clan étaient rentrés chez eux tandis qu'un grand nombre erraient dans la campagne à la recherche de nourriture.

Le matin du 14 avril, les tambours commencèrent à battre et les cornemuses à retentir dans les rues d'Inverness, et avec Charles Edward à leur tête, les Highlanders quittèrent la ville en direction de Culloden. Le 15, le prince conduisit son armée à Drummossie-Moor, en vue d'y engager l'ennemi. Mais le terrain était plat et bruyère et ne convenait pas à la méthode d'attaque préférée des Highlanders. Lord George Murray plaida pour un pays plus accidenté et plus marécageux pour déconcerter la cavalerie anglaise, mais Charles, fatigué d'une longue attente, resta obstiné. Il a été décidé qu'une attaque de nuit était, dans ces circonstances, le plan d'action le plus sage. Attaquer l'ennemi paralysé par le travail de l'artillerie et de la cavalerie était, en surface, une sage décision, et en conséquence, vers huit heures ce soir-là, Rob entendit l'ordre de se préparer à marcher. Ce fut à pas lourds que les

Highlanders se formèrent, car un seul biscuit par homme avait été servi ce jour-là et ils étaient complètement épuisés faute de nourriture. De plus, il était considéré comme imprudent d'attaquer sans les Mackenzie, les Fraser, les Macpherson, les Macgregors et les hommes de Glengarry, qui étaient tous censés se précipiter vers Inverness.

Cependant, la perspective d'une attaque nocturne était suffisante pour les envoyer de bon cœur, et ainsi la marche de douze milles commença, et tout au long de la nuit noire, l'armée silencieuse piétinait, trébuchait, tombait, s'éloignait de la route, jusqu'à l'aube. brillait faiblement à l'est et ils se rendirent compte que le plan avait échoué. Méditer une attaque dans de telles circonstances, c'était courir au désastre total. Il n'y avait rien d'autre à faire que de revenir. La surprise avait échoué. Le Prince, blanc et fatigué, semblait au bord des larmes. Tout autour de lui, des visages hagards et des pieds traînants. A peine un mot fut-il prononcé. C'était en toute sobre vérité la retraite d'une armée vaincue.

Les membres du clan, maintenant complètement épuisés, retournèrent à Inverness à la recherche de nourriture. Beaucoup tombèrent dans un profond sommeil sur le sol. À Culloden House, le prince était assis dans le plus profond découragement. Peu de temps après, la nouvelle lui parvint que les forces anglaises avançaient. Une fois de plus, les clans furent rassemblés, des messages furent envoyés à Inverness pour hâter les retardataires, tout fut fait pour leur donner un visage aussi courageux que possible. Lord George Murray conseilla de nouveau de prendre une position plus adaptée à la charge des Highlands ou de se retirer dans les collines. Mais le prince rejeta de nouveau son conseil et, au lieu de sept mille soldats frais, seuls cinq mille hommes épuisés environ se rassemblèrent sur un terrain plat pour affronter les forces vétérans de Cumberland.

Pour Rob, qui considérait la Claymore des Highlands comme irrésistible, le conflit imminent n'était pas trop tôt, pour d'autres, c'était un soulagement après des semaines d'attente et de difficultés.

De ce jour funeste, tout est connu, et il n'y a pas grand-chose à dire : c'était la conclusion inévitable d'un espoir désespéré.

Les Anglais ouvrirent le feu et pendant assez longtemps les balles pleuvèrent et chantèrent dans les rangs maussades des Highlands. Finalement, Lord George Murray résolut d'avancer, mais avant qu'il puisse donner l'ordre, les Mackintosh, avec l'héroïsme qui avait toujours distingué ce clan, chargèrent imprudemment, et alors tous les régiments de droite s'avancèrent, et l'action commença en sérieux.

Un aide de camp fut dépêché pour hâter l'avancée de l'aile gauche, mais il fut abattu en chemin et ce malheureux accident empêcha l'avancée des

Highlands de concentrer tout son choc. On croit depuis longtemps que la bataille a été perdue en grande partie à cause de la défection des Macdonald, qui ont refusé d'avancer en raison d'un conflit de préséance. Il est temps qu'une histoire sans fondement historique soit à jamais discréditée. Les Macdonald ne reçurent l'ordre de charger que lorsqu'il fut trop tard, et ils se trouvèrent confrontés à un bourbier infranchissable lorsqu'ils avancèrent. Lorsque la bataille fut perdue et le prince en fuite, ils quittèrent la lande sinistrée en bon ordre.

Pendant ce temps, les soldats anglais avaient attendu l'attaque avec des mousquets braqués et des baïonnettes au canon, réservant leur feu jusqu'à ce que les Highlanders soient presque sur eux. Au corps à corps, ils ratissaient les rangs serrés des membres du clan avec un objectif mortel.

Le carnage fut terrible. Des rangs entiers des Highlanders furent balayés. Mais il en fallut plus pour endiguer cette charge folle et intrépide. Il perça les régiments de Barrel et de Monro, mais ils ne purent aller plus loin, car ils reçurent une tempête de mitraille suffisante pour décimer leurs effectifs. Si toute la ligne des Highlands avait délivré son choc simultanément, l'armée anglaise aurait pu reculer et prendre la fuite. Mais l'incapacité de l'extrême gauche à avancer a diminué les faibles chances qu'une telle tactique se révèle décisive, et en quelques minutes la cause jacobite était perdue.

Rob, placé sur l'aile gauche, las d'attendre et malade au cœur à la vue des hommes tombant tout autour de lui, détacha sa claymore, et baissant son bonnet sur ses sourcils, se prépara à charger son régiment. Finalement, ils ne purent plus supporter le feu dévastateur. Avec un bruit rauque de cris s'élevant des langues gaéliques comme le rugissement d'une mer d'hiver, ils se précipitèrent en avant avec une bravoure imprudente, et au premier rang d'eux Rob, courant sur le terrain lourd vers la tempête et le tonnerre du conflit.

Mais déjà, le gros des Highlanders hésitait. La première charge sauvage avait brisé leurs rangs. La cavalerie anglaise avançait et quelqu'un criait que le prince était tué. La panique commença à faire son œuvre. Peu de temps après, l'aile gauche a commencé à quitter le terrain.

Tout autour de Rob s'élevaient des cris rauques, des gémissements, des tourbillons de fumée, ainsi que des rugissements et des cliquetis d'armes. Au cœur du conflit, il a continué à lutter. Il poussa, para et poussa encore avec sa Claymore. Heureusement pour lui, son père lui avait appris les secrets d'un poignet raide et de la coupe supérieure. Un soldat anglais se précipita sur lui, rouge de folie du combat, et criant à son arrivée. Rob, recevant un coup de mousquet levé sur sa cible, rentra chez lui avec sa claymore et entendit le cri s'éteindre dans la gorge de l'homme en un sanglot étouffant, et... le silence.

Puis, avant qu'il ait pu dégager son épée, un dragon, éperonnant son cheval au-dessus des tas d'hommes tombés, lui frappa la tête avec son sabre, et, le manquant, arrêta sa bête et chargea de nouveau. Pour Rob, la situation était désespérée, mais voyant un petit groupe solitaire de Highlanders à proximité, il prit ses talons et les rejoignit, ramassant un mousquet anglais tout en courant. Il était à peine à temps ; Si un énorme Cameron, armé d'une épée large, n'avait pas abattu son adversaire, il aurait eu de très mauvais résultats avec lui. Ce faisant, il frappa son mousquet et, se tenant dos à dos avec les autres, se prépara à tomber le plus fort possible.

Le cours de la bataille allait et venait ; mais partout dans la lande fatale, l'armée jacobite était en retraite. Peu à peu, le petit groupe autour de lui s'éclaircit, jusqu'à ce qu'il n'en reste plus qu'une douzaine, et ce fut dans un espace de respiration que Rob aperçut soudain Muckle John parmi eux.

Sa tête était liée dans un morceau de tartan et saignait abondamment ; mais le sourire était dans ses yeux, et sa claymore montait et descendait, et chaque fois un homme pataugeait sur le sol. Devant lui gisait un tas d'Anglais qui lui arrivait jusqu'au coude.

Bientôt, la fumée de poudre se dissipa un peu, et au-dessus de la lande arriva un escadron de dragons au petit galop, tuant tous ceux qui se trouvaient sur leur chemin, tant blessés que désarmés. Muckle John regarda rapidement autour du petit cercle de visages.

"Maintenant," dit-il, "c'est chacun pour soi", et il siffla un brin de mélodie en commençant à balancer son bras-épée.

Avec un cri rauque, les dragons étaient sur eux. Deux sont tombés sur Muckle John, il y a eu un affrontement sauvage et un homme à côté de Rob est tombé avec un gémissement. Et puis vint un poids oppressant de chevaux donnant des coups de pied, plongeant, se cabrant – et un coup aveuglant le jeta inconscient sous leurs pieds volants.

C'était bien pour Rob que la mort semblait l'avoir arraché aux mains cruelles de ses ennemis, et que le tas de morts et de mourants autour de lui protégeait son corps des équipes de recherche des Hanovriens maintenant occupés à leur travail de boucherie.

Quand enfin il ouvrit les yeux et regarda autour de lui, le silence était tombé sur le champ – un silence infiniment tragique et menaçant, refoulé par le désastre et le châtiment ultérieur.

Très lentement, les faits ont commencé à lui apparaître en face. Même lui, inexpérimenté dans les manières de la guerre et de la défaite, réalisa avec un frisson que s'il ne pouvait pas s'enfuir en rampant, une mort certaine l'attendait comme elle avait rencontré ces silhouettes silencieuses tout autour de lui. Le coup sur sa tête palpitait horriblement. Il se sentait malade et faible. Enfin, il fit un effort pour se retourner sur le côté et gémit tout haut. Puis soudain il serra les lèvres et tomba sur la face, car à proximité il entendit le bruit des pas et entendit les voix dures des soldats anglais.

Ils se rapprochèrent, jusqu'à ce qu'ils s'arrêtent à côté de lui.

"Pas pour Maître Gibbet ici", dit l'un d'eux, et un rire suivit.

"On ne sait jamais", dit un autre, et il commença à traîner les corps d'un côté et de l'autre.

Un gémissement étouffé sortit de l'un de ces malheureux, et un instant plus tard, à la grande horreur de Rob, un pistolet aboya, et le même silence sinistre retomba.

Puis une main lui saisit le bras et le retourna. Feindre la mort – ce vieil appareil dangereux – était le seul espoir de Rob. Il gisait, les yeux fermés, retenant son souffle, dans une agonie de suspense. Les secondes suivirent les secondes, et aucun son ne lui parvint. Des pas furtifs qu'il entendit et un rire étouffé, mais rien pour l'avertir d'un danger imminent immédiat. La nature mystérieuse du retard devenait si terrible qu'il ne pouvait plus tenir le coup. Il devait respirer, sinon il éclaterait ses poumons.

Il inspira une longue bouffée d'air par les narines et, en un éclair, avant de réaliser ce qui s'était passé, il éternua. Un éclat de rire brutal accueillit le bruit pénétrant, et une voix cria à côté de lui :

" Deux contre un au tabac, Jerry ; j'ai gagné le pari ", et il fut remis sur pied.

Rob ouvrit les yeux maintenant que le pire était arrivé. Il affronterait sa fin aussi courageusement que possible. Quatre soldats anglais étaient assis sur un tas de Highlanders morts, et un autre le tenait par le bras. Il vit qu'il y avait peu de chance de pitié inscrite sur leurs visages brutaux. Les souvenirs de Prestonpans et de Falkirk étaient trop douloureux pour cela.

"Eh bien, mon coq," dit l'homme qui le tenait, "donc tu n'es pas si mort après tout. Qu'est-ce que ça sera ? Une petite balle de pistolet, ou une fouille avec une de tes propres Claymores - plus simple que ça, hein?"

Rob garda le silence. Il ne comprenait pas un mot de ce qu'ils prononçaient dans leur étrange tintement nasillard. En vain, ses yeux scrutaient la lande désolée et balayée par les vents. Le choc de la bataille était passé depuis longtemps. Il n'y avait là aucun espoir de secours amical.

"Dépêchez-vous!" s'écria l'un des quatre hommes assis ensemble. "Il y a autre chose à faire. Pistoletz-le et finissons-en."

À ce moment-là, l'homme qui tenait Rob recula d'un pas, sortit son pistolet, le leva et tira délibérément sur lui. Si Rob ne s'était pas esquivé, cela l'aurait tué alors qu'il se tenait debout.

"Un raté!" crièrent les autres, et avec une exclamation l'homme arracha un pistolet chargé à l'un de ses camarades et se prépara à en finir avec l'affaire.

Rob resta très immobile cette fois. Il était trop faible pour courir. Plus tôt ce serait fini, mieux ce serait.

L'homme tenait le pistolet dans sa main ; il avait fermé un œil et regardait Rob de l'autre. Déjà la gâchette bougeait, lorsqu'une voix sévère cria « Halt ! » et un officier anglais, vêtu de façon très resplendissante et avec une perruque blanche, arracha le pistolet des mains de l'homme. Les quatre autres se relevèrent en chancelant et se mirent au garde-à-vous.

L'officier, qui tournait le dos à Rob, a semblé fixer un instant les soldats. Puis, jetant le pistolet par terre, il croisa les bras et commença à parler avec un fort accent anglais, aussi déroutant pour Rob que celui de ses ravisseurs.

"Qu'est-ce que cela signifie?" il pleure. "Voudriez-vous tirer sur un garçon blessé ?"

"Nos ordres n'étaient pas de quartier", grogna l'homme qui avait failli tuer Rob.

"Prenez vos ordres de moi", tonna l'officier dans un accès de colère, "sinon il y aura plus de gibets à Inverness que vous ne l'aviez prévu, et avec de belles nobles en habit rouge dessus, par exemple", ce à quoi Rob vit le les camarades s'agitent avec inquiétude et se regardent avec appréhension.

Apparemment satisfait de la peur qu'il leur avait infligée, l'officier leur montra un cheval qui errait sans but dans la lande, les rênes autour des genoux.

« Allez chercher ce cheval », dit-il ; "ma bête a été abattue sous moi il y a une heure."

Deux des hommes s'élancèrent, trop heureux de gagner ses faveurs, et pendant tout ce temps l'officier se tenait dos à Rob – une grande silhouette carrée, avec une large déchirure au milieu de son pourpoint et les longs cheveux visibles en dessous. sa perruque. Les soldats attrapèrent le cheval sans difficulté et revinrent avec lui. C'était un destrier de dragons, une grande bête grise et ratissante, forte et saine.

Prenant les rênes en main, l'officier se tourna de nouveau vers les hommes.

"Peut-être ne parvenez-vous pas à deviner qui vous avez failli tirer", dit-il sombrement.

Ils secouaient la tête dans un silence craintif.

"Alors demandez à Inverness," répondit-il, et il sauta en selle.

"Maintenant," poursuivit-il, "remettez ce garçon ici. Il n'est pas un prisonnier pour des gens comme vous."

En un instant, deux des soldats rattrapèrent Rob et le placèrent devant la selle, de sorte qu'il s'assit sur le garrot du cheval.

Puis, reprenant les rênes, ils s'éloignèrent lentement, laissant les soldats au salut.

Une centaine de mètres s'écoulèrent et ils maintinrent toujours ce rythme inactif. Puis, tout à coup, l'officier se pencha en avant.

"Haud serré," murmura-t-il aux oreilles de Rob d'une voix étrangement familière, "car nous n'en avons pas encore fini", et avec un plongeon, le grand cheval sauta au galop.

"Muckle John!" s'écria Rob, presque tombé complètement.

"Oui," dit-il, "juste Muckle John et je ne suis pas content de ça."

Ils avancèrent au galop précipité et déchirant, jusqu'à ce que le champ malheureux de Culloden avec ses tas de morts entassés se trouve loin derrière eux ; et passant l'eau de Nairn, se dirigeant vers Aberarder et la traversant avec fracas, se dirigea vers Faraline.

CHAPITRE IV

L'OR FRANÇAIS

Une mince lune dérivait au-dessus des nuages épars lorsque Muckle John et Rob atteignirent la tête d'un vallon sauvage et désolé à Stratherrick, et ici, pour la première fois depuis leur fuite de Culloden, ils tirèrent les rênes et descendirent. Rob était si raide et si fatigué que son compagnon fut obligé de le soulever et de le déposer dans la bruyère.

Le cheval, complètement épuisé, se tenait debout, la tête penchée tristement, et la sueur coulait de son cou sur la bruyère. Peu de chevaux les auraient portés tous les deux avec autant de vaillance.

Muckle John avait depuis longtemps abandonné sa perruque et son manteau anglais. Il se tenait debout, en chemise et les cheveux flottant au vent de la nuit, regardant avec des yeux sombres les lumières clignotantes d'une maison au fond de la vallée, une maison blanche et carrée de deux étages. À deux reprises au cours de cette brève halte, un homme s'était glissé hors de l'obscurité environnante et les avait scrutés de près. Il n'y avait aucun bruit autre que le vent soupirant parmi les corries, mais à chaque fois Muckle John avait vu la bruyère frémir devant quelque chose de silencieux et furtif qui disparaissait aussi doucement qu'il était venu. Un jour, du haut de la colline, il entendit un long sifflement semblable à celui d'un courlis en vol.

Finalement, il tourna la tête et posa ses yeux sur Rob, puis de nouveau sur le cheval gris à la tête penchée. Avec un léger haussement d'épaules, il secoua le garçon.

« Rob, » dit-il, « connaissez-vous votre maison ?

Avec un gémissement, Rob se releva péniblement.

"La Maison Gortuleg", répondit-il, "je la connais bien."

Muckle John tourna soudain la tête et leva la main pour demander le silence.

De loin, le long de la piste où ils étaient venus, il y eut un clic-clac aigu comme le cliquetis d'une pierre détachée sur le sabot d'un cheval.

"Vous entendez, Rob," murmura-t-il, "il y aura peu de personnes au lit ce soir. Viens, mon garçon, c'est un endroit idiot où se trouver."

Du haut de la colline retentit à nouveau un sifflement lugubre. Un autre répondit, loin dans le vallon.

"L'endroit regorge de Frasers", murmura-t-il en soulevant Rob sur le cheval, "et là où se trouvent les Frasers, un homme doit tâtonner pour sauver votre présence, Rob."

"Ce sont nos amis", dit Rob avec vigueur, "et mon peuple."

"Je ne le nie pas, même si peut-être tu aurais pu parler en faveur de toi, Rob, mais aujourd'hui mettra fin à bien des amitiés, et je ne ferai pas confiance à Lochiel lui-même tant que je ne serai pas débarrassé de cette affaire."

Plus ils se rapprochèrent des lumières de Gortuleg House, mais plus ils s'approchaient, plus Muckle John devenait prudent, tâtonnant avec une attention immodérée et mettant la main sur les narines du cheval de peur d'un hennissement. A l'arrière de la maison se dressait un mur avec quelques arbres fruitiers rabougris dans un verger. Dans le même silence anxieux, Muckle John attacha la bride à une branche et souleva Rob.

"Attendez ici", murmura-t-il, "jusqu'à ce que je vienne, et si quelqu'un vous parle, dites que vous attendez Lord Lovat."

« Seigneur Lovat ?

"Qui d'autre?"

"Mais est-il là ?"

"Mec Rob, je n'ai pas le temps de t'apprendre des éléments de bon sens. Si tu vois des corbies traverser le ciel, que sais-tu ?"

"Il y a de la charogne", dit Rob pour calmer son humeur.

"Et si vous voyez du muckle muir-fowl se recroquevillant parmi la bruyère ?"

"Un faucon."

"Tu vas bien, Rob;" il s'arrêta et se pencha plus près et ajouta dans un murmure : "Je ne suis pas sûr que le faucon soit plus proche que vous ne le pensez..." et sur ce, il partit, laissant Rob sous l'ombre de la maçonnerie brisée.

À peine cinq minutes s'étaient écoulées avant que le bruit sourd des pieds volants des chevaux ne dévale le vallon. La lune, haute dans le ciel, brillait sur l'acier et l'argent, et dans l'agitation, la porte de la maison Gortuleg s'ouvrit et la silhouette d'un vieil homme courbé se détacha dans l'embrasure de la porte, appuyée sur un bâton. C'était un spectacle assez grotesque – très lourd et encombrant, avec un visage large et vermeil et avec des yeux sournois et rapides presque enfouis dans une masse de chair. Il était vêtu d'un manteau ample, d'une culotte ample et de bas, de grandes chaussures plates à boucles, et tandis qu'il regardait et tendait la tête, il tapait avec une fièvre d'impatience sur la pierre dallée de la porte.

Un seul rayon de lumière dessinait une barre jaune sur l'espace ouvert devant.

De plus en plus proche se rapprochait le bruit des chevaux au galop, le tintement des mors et des fourreaux, le cri rauque d'une voix d'homme, et dans l'espace éclairé plongeait un puissant cheval rouan tout gris sale d'écume et de boue épuisée. Sur son dos était assis un jeune homme bercé de fatigue, la tête découverte et le manteau ouvert au vent de la nuit. Le vieil homme qui se tenait sur le seuil fit un pas en avant et posa la main sur ses rênes.

"Qui es-tu?" » demanda-t-il d'une voix aiguë et querelleuse, « et quelles nouvelles apportez-vous ?

Pendant longtemps, il n'y eut pas de réponse et, dans le silence, la bougie dans la main du vieil homme flotta désespérément et s'éteignit.

"Je suis le Prince," dit l'homme à cheval d'une voix sourde comme s'il rêvait à moitié, "Je suis le Prince et..." sa voix tomba dans le silence.

"JE SUIS LE PRINCE", DIT L'HOMME SUR LE CHEVAL.

Autour de lui, en demi-cercle, étaient rassemblés les compagnons de cette fuite sauvage, leurs visages paraissant très pâles et blancs comme des visages de fantômes. Pendant un instant, le vieil homme parut se replier sur lui-même. Sa grosse tête tomba, et la main qui tenait la bride tomba avec un bruit sourd contre son côté. Mais seulement pour un instant. Il y avait dans ce corps ravagé par la maladie une énergie qui défiait les pénalités de l'âge.

« Dhia gleidh sinn », s'écria-t-il durement, « êtes-vous tous muets ? Entrez… entrez… voudriez-vous rester assis là, lugubres, toute la nuit ? réunion et j'aime être notre dernier.... "

"Vous êtes Lord Lovat", dit le prince avec plus de vie dans la voix.

"C'est un nom", répondit le vieil homme avec un sourire soudain tordu, "que j'aimerais pouvoir renier."

Quelques gillies s'étaient rassemblés autour des cavaliers, et quand ils furent descendus de cheval, leurs bêtes fatiguées furent emmenées dans une dépendance, et tout le groupe suivit Lord Lovat à l'intérieur.

Dans la pièce où ils se dirigeaient, un grand feu brûlait. Une table se dressait au centre, sur laquelle se trouvaient une bouteille de bordeaux et quelques verres. Il attendait des nouvelles depuis des heures.

À la lueur du feu, Lord Lovat regardait ses visiteurs avec un mécontentement aigre. Maintenant que la nouvelle de Culloden était arrivée et que les premières terreurs mordantes étaient passées, il reprit son attitude habituelle de cynisme impénétrable. Il félicita le prince d'être arrivé si tôt et versa son verre de vin. Il demanda les noms des différents messieurs qui l'accompagnaient et exprima poliment son ignorance lorsqu'il en fut informé, remarquant seulement qu'il avait toujours admiré les Irlandais parce qu'ils s'intéressaient tellement à lui. dans les affaires des autres. Et tout le temps, il maudissait sa totale folie d'avoir soutenu la cause jacobite et de comploter, comploter, comploter au plus profond de son esprit quelle était la voie la plus sûre à prendre.

Une seule fois, son sang-froid l'abandonna, et c'est à ce moment-là que le prince dit à Sir Thomas Sheridan qu'ils devaient se diriger vers les îles.

" Partez vers les îles ", s'écria-t-il en les regardant comme un vieux chien-loup, " de quel genre de discours s'agit-il ? Allez-vous tous nous abandonner et ne pas prendre position dans les collines ? Qu'est-ce qu'une défaite ? Vous devez faire termes, monsieur, ou vous aurez plus à répondre que jamais votre père.

"Cela ne sert à rien", répondit le prince avec découragement.

"Oh, pourquoi," s'écria Lovat, tremblant de fureur et de vexation, "êtes-vous venus nous ruiner ?"

Alors on essaya de le calmer, en lui disant qu'il n'avait pris aucune part, qu'il était un vieil homme, qu'il pouvait se cacher un temps. À tout cela, Lovat secoua sa grosse tête. Il ne s'est jamais trompé.

"Plus que cela", poursuivit l'Irlandais Sheridan en faisant les cent pas devant la fenêtre ouverte, "tout n'est pas perdu. Les clans se rassembleront à nouveau, et l'or français est déjà en route. De l'or", ajouta-t-il, "nous unira à nouveau aussi vite que l'honneur."

Il sourit, sans se douter jusqu'où il s'était trompé tandis que Lovat écoutait distraitement.

"L'or français", répéta-t-il, "et comment peuvent-ils obtenir de l'or maintenant ?"

"Ils se dirigent vers Lochnanuagh", répondit Sheridan, "et..." mais le prince intervint :

" Venez, messieurs, " cria-t-il, " montons à cheval. Nous devons atteindre Invergarry avant l'aube. Nous ne pouvons pas encore dormir pendant un moment... " et il leva ses yeux harassés vers le ciel froid. « Monseigneur, dit-il un instant plus tard en prenant Lovat par la main, ne cédez pas au désespoir, nous ne sommes pas encore vaincus.

Mais le ton mélancolique avec lequel il cherchait à réconforter le vieil homme leur frissonna le cœur et ramena le vieux sourire satirique à la bouche de Lovat.

"Adieu", répondit le vieillard avec toute la dignité naturelle que ni l'âge ni le déshonneur ne pouvaient lui ravir, "je doute que nous nous reverrons jamais."

Alors ils se levèrent tous et, après lui avoir serré la main, descendirent l'escalier. Il les accompagna jusqu'à la porte et resta silencieux pendant qu'ils montaient sur leurs bêtes. Les gillies lâchant les rênes retombèrent dans la nuit le laissant seul. Il ôta son chapeau, mais ne fit aucun autre signe.

Tout à coup, dans la nuit froide, retentit un tumulte sauvage de sabots de chevaux et ils repartirent comme ils étaient venus.

Lord Lovat resta longtemps à écouter dans l'embrasure de la porte, les yeux rivés sur le chemin noir qu'ils avaient emprunté, puis, frissonnant violemment, il se tourna et trébucha à l'étage.

Dans l'obscurité, Muckle John sortit de l'ombre. Il avait tout entendu, ou presque. Il regarda tout autour de lui puis fixa la fenêtre supérieure de Gortuleg. Il pouvait voir la vaste ombre de Lovat assis près de la table attendant son sort. Il resta quelques minutes à réfléchir à la situation, puis, sur la pointe des pieds, il traversa la voie ferrée et ouvrit la porte. Le fermant doucement, il monta les escaliers étroits. La porte de la pièce où était assis Lovat était ouverte. Il s'arrêta dans le passage et regarda à l'intérieur.

Sur une chaise, devant la cheminée vide, était assis le vieil homme, les yeux fixés sur le sol, les jambes croisées et les doigts entrelacés. Ses lèvres remuaient sans cesse, et une fois il fronça les sourcils comme un homme qui ne sait pas exactement quelle conduite prendre.

Finalement, il se leva et traversa la pièce jusqu'à un coffre-fort lourdement fermé. Il l'ouvrit et l'ouvrit, en extrayant un tas de documents et de lettres et les posant sur la table. Puis, mettant le feu aux tourbes, il commença à retourner l'étoffe, en jeta une partie dans les flammes et en remit une autre dans la boîte.

"Une soirée de bagarre pour vous", a déclaré Muckle John, debout devant la porte. Le papier que le vieil homme tenait entre ses doigts flottait doucement sur le sol. Sur son visage s'étendait une teinte grise, comme s'il était devenu soudainement très vieux ou malade. Mais il n'a jamais bougé et n'a rien dit.

En entrant dans la pièce, Muckle John ferma la porte et, marchant vers le feu, se réchauffa les mains de la manière la plus fraîche imaginable. Puis, ôtant son manteau, il le posa sur la fenêtre.

« Par une telle nuit, dit-il, il vaut mieux faire les choses rapidement, monseigneur, et en privé.

Le vieil homme ne répondit rien. Il semblait frappé de peur, de rage ou d'une autre émotion du même genre.

"Je déduis de vos petits préparatifs que vous savez où en sont les choses."

"Je fouillais dans de vieux détritus", dit Lovat plus à l'aise.

"Je sais quel genre de conneries", répondit Muckle John, extrayant une lettre avant que le vieil homme ne puisse vérifier sa main, "qu'est-ce que cela pourrait paraître, hein ? Ce n'est pas ce que nous pourrions appeler cordial envers Geordie."

"Je suis un vieil homme malade", dit Lovat avec un soupçon de pleurnicherie, "à peine capable de lire ou d'écrire. Ma mémoire est presque perdue et mes facultés ne fonctionnent plus. Que me voulez-vous? Il est tard et j'ai beaucoup à faire."

"Peut-être que Votre Seigneurie se souviendra de Castleleathers, qui était autrefois votre bon ami."

"Et lui ?"

"Il m'a rendu service à l'étranger. Hier, j'étais avec lui à Inverness. Il m'a beaucoup parlé de vous, monseigneur, et de vos promesses."

Lovat haussa les épaules.

"Il est facile d'écouter un côté d'une affaire", répondit-il acerbe. " Castleleathers est un imbécile. Je n'ai jamais supporté les imbéciles avec plaisir. "

"Même vous faites parfois des erreurs, monseigneur."

La peur d'être capturé prit Lovat à la gorge.

"Oui," déglutit-il, "mais ce n'est pas le moment de se disputer. Laissons le passé derrière nous. Je vous ai fait du mal depuis longtemps, je l'admets, mais vous pouvez sûrement pardonner et oublier ?"

"Non", a déclaré Muckle John, "je ne pardonne ni n'oublie jamais."

"Alors qu'est-ce que tu veux ? Est-ce ma vie ? Il y en a assez peu pour prendre ? Ou est-ce de l'argent ? J'ai quelques guinées ?"

"Ce n'est rien de tout cela. Si je voulais votre vie, je vous mettrais sous les manteaux rouges. Mais ils n'auront pas besoin de ma direction. Je veux savoir où doit débarquer l'or qui vient de France."

"Oh," s'écria Lovat, "c'est donc comme ça que souffle le vent, n'est-ce pas ?" et il resta plongé dans ses pensées pendant un moment.

"Veux-tu faire quelque chose si je te le dis ?" » demanda-t-il sournoisement.

"Peut-être et peut-être non."

Lovat humidifia ses lèvres sèches.

"Des moments difficiles arrivent", dit-il de sa voix rauque, et s'exprimant pour la première fois en gaélique, "et je ne suis plus ce que j'étais. Il y aura peut-être des gens qui jureront que le noir est noir au lieu de blanc - vous le serez. Si je tombais entre les mains du gouvernement, cela pourrait mal se passer pour moi. Mais il existe des moyens...."

"Et ils?"

"Je n'ai pas pris les armes, même si mon fils l'a fait. Ils ne lui feraient jamais de mal étant donné qu'il était un simple garçon, mais ils pourraient pardonner à son vieux père s'il le livrait. Cela doit arriver d'une manière ou d'une autre. Mais je ne peux pas mettre la main sur lui. Que diriez-vous de cela ? C'est pour le bien du garçon... »

"Impossible, tu es content de m'insulter."

"Alors que vas-tu faire si je te le dis ?"

"Je n'enverrai pas ces lettres au duc de Newcastle."

Une couleur grise maladive se glissa sur les joues de Lovat.

"Tu le ferais-tu le ferais ?" Il haletait. "Vous feriez le jeu des Anglais, vous me vendriez ?"

"Il y a eu une occasion", dit froidement Muckle John, "où vous avez failli me faire la même chose."

"Il y a longtemps, il y a longtemps."

"En 1728 pour être exact."

Les yeux de Lovat parcoururent le coffre-fort et vice-versa.

"Comment saviez-vous qu'il y avait un trésor ?" dit-il, pour gagner du temps.

"Tu as oublié de fermer ta fenêtre."

"Vous avez joué aux oreilles indiscrètes ?"

Muckle John soupira.

"Il est tard", répondit-il d'un ton significatif.

"Je suis entre vos mains", a déclaré Lovat.

"Alors dites-moi où l'or doit être débarqué. Je n'ai pas pu comprendre le nom de l'endroit."

Le vieil homme se pencha brusquement.

"C'est sur la côte de Knoidart", répondit-il.

"Tu le jures ?"

"Telles sont les paroles prononcées par Sheridan."

"Cela ne ressemblait pas à celui de Knoidart, mais je ne pouvais pas l'entendre."

"C'était Knoidart."

Pendant longtemps, Muckle John a essayé de lire la vérité ou les mensonges sur son visage. Mais l'expression de Lovat était candide.

"Si vous avez menti", dit enfin Muckle John, "je vais vous traquer."

Lovat rapprocha doucement les paumes de ses mains.

"Pourquoi devrais-je mentir?" il a dit.

"Alors au revoir, monseigneur, et regardez vos papiers, car demain amèneront des dragons et..."

"Assez", interrompit Lovat, "je n'ai pas peur."

Il resta parfaitement immobile jusqu'à ce que Muckle John descende les escaliers, puis avec un sourire sinistre il se mit à trier ses papiers.

"Knoidart," rit-il, "il ne resterait que peu d'or à Knoidart."

Dans la nuit, Muckle John resta plongé dans ses pensées, puis grimpant doucement par-dessus le mur, il atteignit Rob et le grand cheval gris.

"Je dois te quitter un moment, Rob," murmura-t-il, "mais je reviendrai, n'aie crainte, et je surveillerai la petite mélodie - fais attention à la façon dont ça se passe -" et il siffla une mesure. "Restez au sommet des collines, mon garçon, mais faites attention à l'horizon et ne bougez jamais pendant le jour. C'est un conseil facile à donner mais une tâche fastidieuse à suivre", et mettant son pied dans l'étrier, il monta et descendit doucement le vallon.

Une grande solitude envahissait Rob, laissé tel qu'il était dans un pays qu'il connaissait à peine, avec une blessure lancinante et une faim aiguë sur lui. En se faufilant jusqu'à la maison, il se dirigea vers le hall et n'entendant aucun bruit d'âme humaine nulle part, il entra dans la cuisine et tomba sur une assiette de bouillie froide. Il le dévora, et rentrant dans la salle, il se coucha devant le feu et s'endormit.

A l'étage, Lovat s'accroupit devant le feu. Heure après heure, il épelait toujours, de ses yeux fatigués et faibles, le contenu d'une feuille sur l'autre. Une fois, il hocha la tête et une lettre passa sans être lue – une lettre qui devait peser plus tard contre lui dans la balance. Pendant une heure, il dormit complètement. Mais alors que l'aube revenait sur ce pays sinistré, le lendemain Culloden le trouva toujours penché, l'air hagard, sur sa correspondance, dont chaque lettre pouvait le conduire à l'échafaud.

À l'aube du même matin où le Prince courait vers l'ouest et Muckle John sur la route, avant que la lune ne se couche derrière les collines, Rob Fraser s'est faufilé hors du hall et s'est frayé un chemin vers le grand air. Déjà le bruit courait dans le village que les Anglais étaient en marche vers Gortuleg, et que tous ceux qui étaient soupçonnés d'avoir pris les armes pour le prince seraient punis sommairement et leurs maisons incendiées.

Autour des locaux de Gortuleg régnait le même silence mélancolique que la veille. Tout être vivant semblait avoir fui. Les chenils eux-mêmes étaient vides. Un seul poney Highland hirsute hennissait dans l'écurie désolée, affamé et seul.

Une brume grise descendait le vallon et une fine bruine de pluie s'était installée avec le jour à venir.

Alors que Rob regardait les fenêtres en se demandant ce qui s'était passé, il aperçut un instant une paire d'yeux fixés sur lui et entendit un bruit de pas traînants. Venant de cet endroit désert, cela semblait si morne qu'il fut sur le point de s'enfuir. Cependant, avant qu'il ait pu bouger, l'immense masse du Seigneur Lovat apparut dans l'embrasure sombre de la porte. Appuyé lourdement sur son bâton, les épaules voûtées, le visage mal rasé et gris comme la craie, il se tenait debout, les lèvres marmonnantes. Puis, avançant d'un pas, il regarda Rob d'un air absent, comme un homme dont les pensées sont lointaines pour une autre course.

"Quelle heure est-il ?" » râla-t-il enfin ; Il ôta sa perruque, la tapota négligemment et la lui enfonça de nouveau sur la tête.

"Six heures, Votre Seigneurie", dit Rob, très impressionné par lui.

"Six heures!" Il fronça soudain les sourcils, regardant tout autour de lui les lèvres pincées. « Où sont mes serviteurs ? il pleure. Et comme aucune réponse ne lui arrivait, il cita un morceau de latin et rit comme si le contexte le chatouillait.

"Eh bien, eh bien," dit-il enfin, "et qui es-tu, mon garçon ?"

"Rob Fraser, monsieur."

"Merci", grogna-t-il, s'exprimant en gros écossais ; " mais c'est un nom aussi commun que celui de muir-fowl par ici. Pourquoi n'êtes-vous pas avec le Maître, ce rebelle sans scrupules, mon fils ? Faites attention à la façon dont j'ai parlé de lui, Rob, s'ils osaient un jour m'emmener. "

"Je vous ai entendu, mon seigneur."

"Oui, et défends un vieil homme, Rob, dont les propos peuvent être mal interprétés, vous savez. Que allez-vous répondre, Rob ?"

"Que vous avez traité votre fils, le Maître, de rebelle sans scrupules", répondit-il.

Lovat hocha la tête avec approbation.

"Bonny, ça paraît. Cela fera s'asseoir la Chambre des Pairs. Nous le porterons avec des cheveux argentés et une innocence blessée, Rob - un vieil homme, mes seigneurs, presque épuisé par les années et le chagrin."

Il fit une pause et l'air de peur déforma à nouveau ses traits.

"Il vaudrait mieux rester ici", dit-il en murmurant pour lui-même, et ainsi, avec une pincée de tabac, il se tourna de nouveau vers la porte. Mais un instant plus tard, il était de retour, et cette fois ses membres tremblaient de peur.

"Non non!" » haleta-t-il, une main enflée par la goutte sur sa poitrine. "Je ne peux pas attendre ici comme un vieux chien mutilé. Il y a des endroits où je peux attendre jusqu'à ce que des dispositions soient prises. Vite, mon garçon, sellez un cheval et partons."

"Les chevaux sont tous partis, monseigneur", dit Rob.

"Tous sont partis ? C'est ainsi qu'ils me traitent. Ensuite, nous devons marcher jusqu'à ce que nous en trouvions un. Mon peuple aidera sûrement son chef."

"Il y a un poney, Votre Seigneurie", s'écria Rob, et se rendant à l'écurie, il fit sortir la puissante petite bête.

Revenant à la maison, Lovat monta l'escalier grinçant et revint quelques minutes plus tard avec son coffre-fort.

"Attache-le derrière la selle, Rob," dit-il, "ou mieux encore, puis-je te faire confiance pour le porter ?"

Il resta un moment à contempler le sol, l'air sombre, puis se mit à chercher dans ses poches un morceau de papier qu'après l'avoir trouvé, il le lut avec le plus grand soin et gloussait pour lui-même d'une manière étrange en fausset.

Puis, sortant un sifflet d'argent de son gilet, il souffla trois fois et se mit à respirer sur ses doigts gelés.

Depuis la bruyère, à une centaine de mètres en amont du vallon, deux hommes s'étaient levés à la première note et avaient couru vers eux : des gillies aux cheveux longs et en haillons, Fraser par leur tartan. Ils se tenaient à quelques pas de Lovat, le surveillant comme des chiens prêts à partir en piste. Le givre de leur garde de nuit pesait sur leurs bonnets et leurs barbes étaient raides et luisantes. Lovat écarta Rob et commença à leur parler à voix basse, mais avant d'avoir dit plus d'une douzaine de mots, sa voix s'éleva jusqu'à un cri sous l'influence d'une passion privée, et il les menaça en gaélique afin qu'ils tremblent devant son poing serré. Mais alors que soudain sa voix baissait et qu'il les caressait, leur tapotant les joues puis les écartant, il se tenait haletant à côté de Rob - tout feu éteint - redevenu un vieil homme malade.

Très lentement, il grimpa sur le poney, et ainsi ils partirent et commencèrent à dépasser le groupe de huttes près de Gortuleg. Les gens effrayés sortirent en foule pour voir passer leur chef, et une douzaine de Frasers armés de mousquets et d'épées se rassemblèrent autour de lui et marchèrent en silence vers l'ouest.

Au coin du brae, Lovat se tourna et regarda Gortuleg. Sous son caractère tyrannique, tyrannique et sournois, il y avait une sorte de socle de ce sentiment haut en couleur qui s'apparente au mélodrame. Il jouait à la galerie avec un enthousiasme infini et un véritable plaisir. C'était une belle posture pour lutter contre le pouvoir décroissant de la chefferie : là où la force était une arme dangereuse, le sentiment était souvent une épée à double tranchant.

"Adieu", dit-il de sa voix grave et avec des larmes honnêtes dans les yeux, "car peut-être je ne vous reverrai plus jamais."

Peu importe que la maison ne lui appartienne pas, ni une habitation imposante dans le meilleur des cas. Tout ce qui comptait, c'était qu'il soit au détour du brae, en descendant, un chef exilé. Pleinement conscients que le décor ressemblait à celui d'une saga, les membres du clan ont lancé une lamentation pitoyable, et en inclinant sa grande tête, Lovat leur a fait signe de continuer, et le voyage a continué. Et ainsi, après de nombreuses heures de fatigue, ils atteignirent le Loch Muilzie à Glenstrathfarar et se considéraient pour le moment en sécurité.

Au loin, vaguement discernables dans ce désert de bruyères, deux hommes couraient comme des loups sur la piste – deux hommes avec un dague au côté et la mort dans le cœur – courant sans relâche. Aux confins du pays du Fraser, ils croisèrent un autre homme qui surveillait le passage et, sans un mot, il les rejoignit – trois hommes courant en file indienne, courbés en deux dans les espaces ouverts – en direction de Knoidart.

Longtemps après, alors que le soleil se couchait, Muckle John arrêta son cheval pour la troisième fois en une heure et écouta attentivement. Du flanc de la colline détrempé, un courlis criait parmi les ombres, et du haut de la colline venait la clameur d'une poule muir.

Mais aucun murmure sur le danger qui se cachait invisiblement parmi les silences – attendant la nuit.

Et puis, les yeux troublés, il poursuivit son chemin, se mettant à l'abri là où il le pouvait, cherchant un lieu de refuge.

CHAPITRE V

LOCH ARKAIG

Les jours se succédaient sans aucun signe des soldats, et au fil du temps, Rob souhaitait le plus ardemment que Muckle John n'ait pas disparu si brusquement, le laissant dans un pays inconnu avec un vieil homme sans défense.

Un matin, il y eut du mouvement dans la cabane de Lovat et le vieux chef regardait par la porte avec un air très sauvage et grossier. Il avait oublié de mettre sa perruque sur sa tête et les mèches de cheveux gris éparses étaient attrapées par chaque coup de vent.

« Rob, » dit-il enfin, grelottant de froid, « passe une journée dans les collines et apprends où sont les Anglais et si une frégate française est au large des côtes.

Très heureux d'accepter une telle suggestion, Rob se prépara à partir immédiatement. Soudain, Lord Lovat l'appela.

"Rob," dit-il, "d'où viens-tu cette nuit-là ?"

"Je viens de Culloden."

« Culloden… et avez-vous rencontré quelqu'un sur la route ?

"Seulement Muckle John."

Les yeux froids du Fraser se posèrent sur lui comme un faucon tombant des nuages.

"Muckle John," répéta-t-il, "il me semble connaître le nom - alors tu es venu avec lui, n'est-ce pas ? Et où étais-tu, Rob, quand les cavaliers sont arrivés ? Muckle John était-il alors avec toi ?"

"Non, il m'avait quitté."

"Bien sûr – bien sûr – et puis il est revenu et vous a dit qu'il partait pour des affaires importantes, Rob."

"Il a dit qu'il reviendrait."

Là-dessus, Lovat le quitta en riant comme si quelque chose de très drôle avait été dit. Mais à la porte, il se tourna, toujours convulsé par son humeur, et, en agitant le doigt, il dit :

"Attention à mes paroles, mon garçon, la course n'est pas toujours réservée aux rapides ni la bataille aux forts."

Mais Rob le regardait seulement avec émerveillement, ne voyant rien d'autre qu'un vieil homme malade rattrapé par l'adoration.

Puis il partit sur la bruyère et se dirigea vers la tête du Loch Arkaig.

Il a regardé à travers la bruyère sur la plage.

De toute la journée, il ne vit aucun aperçu d'habits rouges et, lorsque le soir tombait, il descendit hardiment sur la rive du loch, et de là jusqu'à Lochnanuagh, où, à sa grande excitation, les voiles blanches d'une frégate étaient gonflées de bruit. la brise. Se cachant à la hâte, il regarda à travers la bruyère sur la plage où un grand nombre de personnes, principalement des Cameron et des Macdonald, étaient rassemblés, et avec eux un petit homme de taille carrée, conséquent, très simplement vêtu, qui semblait très agité au sujet du nombre sur le rivage. et soucieux de disperser la foule à tout prix. Mais plus il cajolait et menaçait, plus ils se pressaient sur la plage, et pendant ce temps la frégate avait jeté son ancre et mis à l'eau un bateau. Rob pouvait y distinguer quatre hommes et une cargaison qui avait été suspendue du pont. Sur le rivage, il y eut un silence soudain, presque surprenant après le choc des voix précédent. Le grincement des dames de nage se rapprocha, et bien que très haut sur la colline – le jour était calme – Rob put saisir la manière française de leur discours, et une fois il entendit le petit homme sur la plage tousser et se moucher.

Mais aussitôt la quille du bateau grinça sur les galets, la plus grande animation se manifesta. Les matelots jetèrent la cargaison (qui comprenait une demi-douzaine de petits tonneaux) sur le sable, et sous les instructions du petit homme, ils furent transportés dans un endroit isolé et une corde passa autour d'eux, après quoi il se mit à payer les matelots.

À ce moment, cependant, il y eut un boum maussade comme le bruit d'un canon au large, et sans attendre une seconde, le bateau s'élança vers la frégate, l'ancre fut levée et, remontant sa toile, elle tourna comme une mer. -oiseau et attrapant la brise se dirigea vers l'eau libre. Au bruit des tirs en mer, il était évident qu'une action était en cours entre un navire de guerre anglais et les navires français.

L'excitation sur la plage se transformait désormais en fièvre. Les collines les plus proches de la baie furent bientôt noires de spectateurs, et au milieu de cette nouvelle sensation, les tonneaux sur la plage furent oubliés de tous, sauf du petit homme.

En effet, s'il n'était pas passé si près en conduisant très prudemment un poney Shetland tout en le poussant à toute sa vitesse, Rob ne se serait jamais souvenu de l'atterrissage de cette mystérieuse cargaison et n'aurait par conséquent jamais été mêlé à la tragédie de l'or. Mais pour Rob, il y avait quelque chose d'extrêmement mystifiant dans le caractère de ce voyageur solitaire, avec son air anxieux, et les tonneaux cliquetants s'alignaient haut sur les flancs du poney. C'était comme le conte d'une vieille femme sur les fées et leurs fûts secrets de bière de bruyère.

En partie parce qu'ils suivaient le même chemin, en partie parce que sa curiosité était éveillée, il le suivit à travers la bruyère, gardant un œil attentif, car encore et encore l'homme sur la piste se retournait brusquement et envoyait son regard parcourir la colline. de peur d'être suivis par les gens sur le rivage. Mais il le faisait toujours avec la plus grande hâte, poussant le poney en avant après chaque halte, comme s'il craignait l'approche de la nuit, ou quelque chose dont Rob ne savait rien.

Et ainsi ils atteignirent le Loch Arkaig, et sur la rive du loch, l'homme parut hésiter et réfléchir, puis attelant le poney à un arbre, il transporta les tonneaux sur le sable au bord de la bruyère, et jetant son manteau. , sortit une pelle d'un endroit caché et commença à creuser.

Le crépuscule était venu, et le rivage était devenu si sombre que Rob se rapprocha, se tortillant à travers les touffes de bruyère et de rochers aussi silencieusement qu'un Indien.

Soudain, cependant, il vit la tête et les épaules de quelqu'un d'autre se profiler sur la surface grise devant lui, un homme qui s'accroupit et baissa la tête alors que les fouilles cessaient ou reprenaient sur la plage avec le même soin que lui-même pratiquait. Il était évident pour Rob qu'il y avait plus dans tout cela que ce qu'il avait imaginé.

Finalement, apparemment satisfait, le guetteur commença à reculer vers lui, courant à quatre pattes sur le flanc de la colline. Il arriva si rapidement, en effet, que Rob n'eut pas le temps de s'écarter du chemin, et d'un bond rapide, le nouveau venu jeta tout son poids sur lui, sans émettre le moindre son, et ensemble ils se roulèrent encore et encore dans les bras l'un de l'autre. .

Un instant, Rob était au sommet, puis l'autre, qui semblait tout en bras, en jambes et en doigts acérés et griffus. À deux reprises, Rob sentit sa gorge se serrer et deux pouces sur sa trachée, et à chaque fois il réussit à détourner la tête. Puis, d'un rapide mouvement de son bras droit, il atteignit le couteau dans son bas et, le retirant, le plongea dans l'épaule de son agresseur. C'était une petite lame, mal adaptée à un travail dangereux comme celui-ci ; mais un léger cri lui apprit qu'il avait pénétré l'épaisse capote de l'homme. Puis percevant que son adversaire secouait la tête sous l'effet de la douleur, Rob agrippa une lourde pierre et la plaqua contre sa tempe l'envoya insensé au sol.

Ce fut une échappée belle, mais la fortune était apparemment venue à son aide à temps. Avec un hoquet de soulagement, il se leva d'un bond, quand une voix sortit de l'obscurité : « Lève-toi, ou je tire ! » et le canon froid d'un pistolet était enfoncé contre sa joue.

Il avait oublié l'homme sur le rivage.

"Je ne suis pas armé", haleta Rob ; "et c'est contre l'homme au sol dont vous devez vous prémunir, pas contre moi."

Alors le pistolet fut abaissé, et s'asseyant, le nouveau venu le posa sur ses genoux et lui ordonna de raconter son récit du combat, qu'il écouta avec le plus grand intérêt. Puis, se levant, il attacha les bras et les jambes de l'homme inconscient avec une corde qui gisait sur la plage et lui enfonça un gros bâillon dans la bouche.

« Et maintenant, mon garçon, dit-il, dis-moi ce qui t'amène ici.

Avec une certaine hésitation, Rob raconta ses expériences des deux derniers jours, et quand il eut fini, son compagnon lui donna une tape dans le dos.

"C'est courageux", dit-il ; "et laissez-moi vous dire qu'Archibald Cameron est fier de vous rencontrer." En disant cela, il lui serra chaleureusement la main et se leva d'un bond.

Il s'agissait du Dr Archibald Cameron, frère de Lochiel, qui devait mourir aux mains du gouvernement en 1953, un gentleman très vaillant et le dernier à tomber dans la cause Stuart.

La lune montait dans le ciel alors qu'ils s'avançaient vers leur prisonnier ; mais Cameron prit d'abord Rob à part et lui murmura à l'oreille :

" Ce que j'ai enterré ", dit-il, parlant dans la langue des Lowlands, " mettrait le feu aux Highlands. C'est une Providence miséricordieuse que vous soyez apparu comme vous l'avez fait. Pour l'instant, nous pouvons le cacher d'autant plus facilement ailleurs, ou peut-être deux endroits. Mais faites-moi votre serment sur le poignard nu que jamais un mot ne passera par vos lèvres, sauf au prince.

"Le prince?" répéta Rob, qui l'avait suivi avec difficulté.

"Et qui d'autre ? N'avez-vous pas sauté sur ce que signifiaient les beaux fûts ? De l'or français, mon garçon, assez pour acheter tous les Claymore des Highlands et d'Argyll également. Maintenant, vous voyez ? Viens, Rob."

Sur ce, Cameron s'est approché de l'homme au sol et a fait signe à Rob de prendre ses jambes pendant qu'il le saisissait par les bras. Alors ils se dirigèrent vers un endroit creux, et tandis qu'ils le déposaient, il gémit et ouvrit les yeux, et à ce moment la lune, éclaircissant la cime des arbres, joua ses traits pâles sur le visage horrible d'Ephraim Macaulay, ancien maître d'école de Inverness.

CHAPITRE VI

LES VEILLEURS DE NUIT

L'obscurité a envahi Muckle John au sud du Loch Garry dans le pays Macdonald. Il avait voyagé sans arrêt toute la journée, s'en tenant aux routes les moins fréquentées et voyant de tous côtés les traces de la panique qui suivait Culloden. Dans chaque village régnait la même terreur et la même hâte frénétique – certains enterraient les Claymores avec des mains désespérées pour qu'elles ne restent qu'à moitié couvertes – d'autres partaient vers les collines avec leurs femmes et leurs petits. Un jour, un groupe de deux cents personnes ou plus le dépassa sur la route en direction du sud-ouest. Ils avaient l'air d'hommes complètement découragés, boitant en rangs brisés à cause du jeu joyeux d'un joueur de cornemuse à leur tête.

Puis, s'enfonçant à travers la bruyère, il parcourut des kilomètres après l'autre entre lui et Fort Augustus.

Vers trois heures de l'après-midi, il arrêta brusquement son cheval et se retourna. Il n'était pas sûr d'avoir entendu quoi que ce soit. C'était plus une prémonition qu'autre chose, mais un habitant du Nord est très attentif à de telles choses.

Tout était très morne et sans vie sur le chemin qu'il avait parcouru. Il n'y avait aucun signe d'homme ou de bête. Avec un regard sombre dans les yeux, Muckle John continua son voyage.

Mais environ une heure plus tard, il fit un écart derrière un rebord rocheux et gravit rapidement la colline au petit galop, restant derrière un groupe de rochers sur une centaine de mètres. Puis, se tournant aussi rapidement, il observa la piste arrière. Plusieurs minutes passèrent et il n'y avait aucun signe d'être vivant. Cependant, quelque chose bougea très légèrement à l'endroit où le dernier rocher surplombait la bruyère. La tête d'un homme se leva et retomba.

Avec un léger sourire, Muckle John continua son chemin. Son cheval était très fatigué ; à deux reprises, il avait failli tomber par pure lassitude. Il comprit immédiatement que cela ne pourrait pas le mener plus loin. Il ne savait pas combien de poursuivants étaient sur sa piste, mais il les considérait comme des caterans des Highlands prêts à se trancher la gorge pour gagner une bourse. Dans ce cas, ils attendraient qu'il dorme et se précipiteraient sur lui. C'était donc une question de vie ou de mort pour lui de trouver un refuge avant le coucher du soleil.

La soirée approchait et il était si fatigué qu'il hocha la tête pendant qu'il chevauchait. Nulle part dans ce pays vallonné et désolé il ne pouvait voir une maison ou la moindre trace de clachan ou de ferme. Et derrière lui, attendant l'obscurité, se trouvaient des hommes aussi rusés et cruels que des Indiens et tout aussi patients. Si ce n'est pas ce soir, alors demain, et il pourrait parcourir des kilomètres de bruyère pendant des jours entiers.

Pendant ce temps, le cerveau de Muckle John fonctionnait. L'avenir lui était ouvert comme à un homme lisant une carte. Il doit les dérouter ou périr. Si ce n'est pas ce soir, c'est demain. Il ne les affronterait jamais – il le savait trop bien. Ce serait dans son profond sommeil, dans l'obscurité d'une nuit des Highlands. Il ne faut pas penser que Muckle John était très préoccupé par cette perspective. C'était une époque où la vie n'était pas chère et où un soldat de fortune pouvait être mis à rude épreuve plusieurs fois par semaine. C'était plutôt l'indignité de l'entreprise qui l'irritait. Il n'avait pas l'habitude d'être traqué comme un jeune cerf. La plupart des hommes ont laissé Muckle John à l'écart.

Alors même qu'il réfléchissait à ce sujet, le cheval gris trébucha et tomba. Aucune puissance sur terre n'aurait pu le maintenir debout. C'était complètement réalisé. Avec un gémissement, il s'effondra sur ses genoux et se retourna sur le côté. Muckle John avait glissé alors qu'il chancelait et se tenait maintenant au-dessus de lui pour étudier le prochain mouvement. Il tenait avant tout à apercevoir ses poursuivants. Desserrant son épée et sortant un pistolet de la poche de son pardessus, il se coucha à côté du cheval comme si sa jambe était solidement attachée sous lui lors de sa chute. C'était une vieille astuce, mais c'était un pays où il y avait peu de chevaux et qui valait la peine d'être essayé. Il savait qu'ils se rapprocheraient de lui s'ils le voyaient apparemment infirme et à leur merci. Lentement, les minutes passèrent et il n'y eut aucun bruit, tandis qu'une brume s'élevait du lit humide de la vallée et pendait en couronnes entre les collines. Muckle John était parfaitement immobile, son pistolet caché sous la queue de son manteau, une jambe tendue sur le flanc du cheval, l'autre repliée sous lui.

À proximité, une pierre tintait au bord de la brûlure. Il s'agissait peut-être d'un renard des collines qui s'enfuyait, mais Muckle John savait qu'un renard ne fait pas de telles choses. Il sentit les yeux de quelqu'un sur lui, mais il ne pouvait rien voir, et pendant tout ce temps, l'obscurité tombait rapidement et ses nerfs étaient tendus au maximum, attendant, alors qu'il était à ses côtés, l'arrivée d'une douzaine d'hommes peut-être.

En haut de la colline, il entendit un cri de chouette et à cela il sourit, car il savait – qui de mieux – que ce n'était pas la nuit pour que les hiboux crient à la manière de Glengarry, et qu'il y a un monde de différence entre l'appel d'un homme et le cri d'un hibou. cri de chouette, sauf à ceux qui ne se sont jamais fait un devoir de noter de telles choses.

Tout se déroulait comme il l'avait prévu, et il attendait tranquillement ce qui allait arriver, ne prévoyant rien de ce qui se passait réellement. En fait, tout cela s'est produit si rapidement et si silencieusement que peu d'entre eux, à l'exception de Muckle John, auraient vécu assez longtemps pour apprendre une autre leçon sur les méthodes d'attaque.

Or, il y avait une éminence immédiatement au-dessus de lui, une façade rocheuse aussi naturelle qu'on en voit sur de nombreuses collines, endroits que les créatures sauvages évitent naturellement à moins qu'elles ne voyagent contre le vent ou ne les surprennent d'en haut. Muckle John regardait vers le haut quand c'est arrivé. Il était parfaitement conscient du danger qu'il courait, mais il attendait qu'une tête d'homme se détache sur l'horizon, juste au-dessus du rebord. Soudain, sans avertissement mais avec seulement un grattage sourd comme de petits cailloux éparpillés sauvagement, le ciel fut complètement effacé, et sur ce, Muckle John sauta comme un lièvre et sauta juste un millième de fraction trop tard. Le rocher, car c'était bien entendu ce qui avait été lancé pour l'écraser, tua sur le coup le cheval mourant. Mais il brisa aussi le pistolet de Muckle John et froissa son épée comme une fine bande de fer-blanc, emprisonnant la queue de sa capote dans la ruine. C'était le cou ou rien maintenant, et se dégageant, il jeta un coup d'œil à ses bras et les jeta au sol et partit à travers les arbres qui bordaient la colline, courant pour sauver sa vie. Sachant que ses poursuivants étaient probablement des hommes fatigués, il donna le ton dans l'espoir de les repousser, gardant la partie supérieure de la colline, trébuchant rarement à cause de toutes ses bottes de cheval et de l'obscurité, et s'arrêtant parfois un instant pour entendre. s'il les avait rejetés. Mais toujours à la même distance derrière lui, il entendait le bruit sourd des pas de loups sur la piste, infatigables comme des cerfs. Il a utilisé toutes les feintes qu'il connaissait. Il doublait ses traces, il se réfugiait par endroits sous les rochers. Mais toujours silencieusement, patiemment, totalement intrépides, ils sont venus. Il ne pouvait pas les voir mais il les entendait se rapprocher de plus en plus, attendant leur heure. Il pourrait y en avoir six ou vingt – il ne pouvait pas le dire.

Un projet désespéré lui vint à l'esprit : porter la guerre dans le pays ennemi, éliminer les hommes seuls et les étrangler sans bruit dans la bruyère. Mais il y avait là un danger. Il n'était plus armé, et quelqu'un pourrait donner l'alarme et l'emporterait dans la lutte. Trébuchant, il chercha autour de lui une rivière ou un loch dans lequel il pourrait nager en sécurité, ou une fente dans un rocher où il pourrait espérer affronter ses assaillants à lui seul.

Mais il n'y avait rien dans tout ce morne labyrinthe d'obscurité, et avec la colère et le désespoir dans son cœur, il se mit à un long trot infatigable, attendant de les déjouer s'il le pouvait.

C'est environ deux heures plus tard que la lune filtra de minces rayons de lumière grise à travers les nuages qui se précipitaient, et en un clin d'œil, le paysage apparut faiblement et Muckle John se retrouva à un passage étroit entre deux collines avec un précipice rocheux atteignant des centaines de mètres. pieds de chaque côté. Puis la lune disparut et il s'éloigna à vive allure sur le chemin rocheux, sachant qu'ici, voire pas du tout, se trouvait un chemin vers la sécurité. De chaque côté se trouvait la surface lisse du rocher. Il n'y avait aucun endroit où se réfugier, mais qui pourrait dire à quoi pourrait servir un tel endroit ? Il avait dû parcourir un demi-mille à une allure rapide — d'autant plus rapide qu'il savait que ceux qui le suivaient, courant pieds nus, seraient handicapés par les pierres détachées et les bords déchiquetés des rochers — lorsqu'il déboucha de nouveau sur la lande ouverte et au souffle du vent, il sentit l'odeur du bétail. Et aussitôt il vit un chemin.

De nouveau, la lune disparut dans le ciel brumeux et, avec des yeux avides, Muckle John fouilla la vapeur. Un tas de manteaux hirsutes dégoulinants blottis dans un endroit abrité à sa droite, c'était tout, mais cela satisfit Muckle John, car très vite, sachant qu'il n'y avait pas un instant à perdre, il s'approcha d'eux et courut parmi eux, avec un grand cri les fit se lever lourdement et reniflant sauvagement. Un énorme taureau des Highlands hurlait dans la brume, mais ne voyant rien, il tapait du pied et secouait ses cornes avec incertitude. Puis dégainant un petit couteau, Muckle John enfonça la lame dans une génisse à côté de lui et l'envoya au galop vers le col. Courant çà et là, mais évitant toujours le taureau, il les fit avancer, avancer, jusqu'à ce que le début du chemin étroit soit atteint, et alors il recula et s'arrêta vers la lune.

Il revint en toute sérénité, se répandant sur l'endroit désolé avec une sorte de lumière ténue et désespérée, faisant paraître l'ombre de Muckle John très grande et le groupe de bétail, une cinquantaine d'entre eux et leur chef perplexe et irrité, ressemblaient au le bétail d'un rêve.

Le moment était venu. Avec un bruit de gorge étrange comme le rugissement d'un cerf, Muckle John laissa tomber ses mains et se dirigea vers elles à quatre pattes — un spectacle assez étrange sur une lande solitaire et très énervant sous une lune brumeuse. Ce fut la goutte d'eau qui fit déborder le vase pour les bêtes agitées rassemblées à la tête du col. Pendant un moment, le taureau résista, mais son cœur lui fit défaut, étant un taureau âgé d'à peine trois ans, et perdant la tête, il déclencha la panique. Ils étaient plongés dans la gorge et Muckle John les suivait avec son couteau nu dans les flancs. Encore et encore, son cri sauvage montait et descendait, de plus en plus vite ils tonnaient jusqu'à ce que rien n'ait pu les arrêter — le moins des trois Frasers pris à mi-chemin comme des rats dans un piège. Ce qui s'est passé ne pourra jamais être connu dans ses sinistres détails. Mais le troupeau s'en alla, et le battement de leurs pas s'apaisa et fut englouti dans la nuit silencieuse.

Et après eux, Muckle John, scrutant le sol derrière eux, marchant tranquillement dans le col éclairé par la lune. Soudain, il s'arrêta et frissonna à ce qu'il vit. Puis, continuant son chemin, il s'arrêta de nouveau, et une fois de plus, à environ cinquante mètres de là, il pencha la tête, et cette fois il saisit un morceau de tartan taché de sang et le regarda de très près.

Actuellement, il sourit comme un chien.

"Fraser", dit-il, "qu'est-ce qui amène Frasers si loin de Lovat à un tel moment, sinon de porter un message au bout d'un dague ? Que dira Lovat lorsqu'il attendra des nouvelles du meurtre de Muckle John et qu'il attendra." en vain?"

Il regarda longuement la bande de tartan, puis, la posant sur un rebord de rocher, il la coupa en trois parties égales.

"J'en doute," dit-il sombrement, "mais il y aura un coronach quand le dernier d'entre vous rentrera à la maison."

Puis, se dirigeant vers la tête du col, il s'allongea à l'ombre d'un rocher et s'endormit.

CHAPITRE VII

TRÉSOR ENTERRÉ

Un léger cri de consternation tomba des lèvres de Rob alors qu'il rencontrait le regard mauvais dans les yeux du maître d'école. Cameron, lui aussi, semblait plus qu'un peu secoué par la rencontre, même s'il ne disait rien, mais semblait plongé dans ses réflexions sur l'avenir.

Dans le creux où ils se tenaient, il était impossible à leur prisonnier de voir autre chose que le ciel ouvert et mille étoiles scintillantes.

Au bout d'un moment, Cameron s'avança avec précaution à côté de lui et tira sur ses liens. Puis, arrachant une bande de tissu de la chemise de Macaulay, il l'enroula autour de ses yeux comme pour cacher leur malice brillante à la vue.

"Viens, Rob," dit-il à voix basse, "il y a du travail pour toi et moi cette nuit. Quand nous aurons fini, nous le libérerons", et il nous conduisit vers le rivage.

C'était très calme et solitaire là-bas, avec seulement le doux bruit du lac et les soupirs du vent parmi les arbres, et Rob souhaitait que cette affaire soit terminée et qu'il revienne dans la sécurité relative de la compagnie de Lovat.

"Pendant que je les déterre, roulez-les le long de la rive droite", murmura Cameron, l'avertissant de rester dans les profondeurs de la bruyère, "et déposez-les à l'ombre de la brûlure qui rejoint le loch là-bas. Si vous entendez un reviens et préviens-moi Och ! » conclut-il en s'avançant au clair de lune, "mais ce sont des temps étranges". Puis, courbant le dos, il envoya la pelle profondément dans le sable.

"C'est une chance pour vous que je l'ai surpris en train de regarder", murmura Rob, plein de fierté de sa découverte.

"Mec," dit Cameron, "est-ce que j'ai l'air d'un gomeral ? Je savais qu'il était là dès le moment où j'ai attelé le poney à l'arbre. S'il était parti, il serait tombé comme je l'avais prévu."

Et c'est ainsi que commença la fuite du trésor : Rob rampant dans l'obscurité des arbres, faisant rouler un tonneau, se faufilant sans bruit comme une ombre sur les feuilles mouillées et les fougères, et voyant tout le temps dans la nuit noire les yeux terribles d'Ephraim Macaulay marquant chacun de ses pas. D'avant en arrière jusqu'à ce que son dos lui fasse mal et que l'humidité pèse lourdement sur son front. Dans le silence passif de la nuit, il n'y avait aucun souffle de danger, aucun murmure de bruyère pleine de fugitifs, d'espions et de vagabonds anonymes.

Alors qu'il se dirigeait vers la pente avec le dernier tonneau, il vit Cameron lisser l'endroit avec des mains rusées et tapoter les marques de ses pas sur le sable. Puis lui aussi le suivit, et ensemble ils s'agenouillèrent près du ruisseau.

"Maintenant, Rob," dit Cameron, "il y aura d'abord une vingtaine de caterans des Highlands qui scruteront cette côte, et après cela il y aura les tuniques rouges, qui en auront certainement vent; et donc c'est notre affaire. , vous savez, pour en être sûr. Peut-être que vous n'avez jamais caché de trésor, Rob, alors laissez-nous en parler. Approchez-vous maintenant, quand notre ami dans le creux aura sa liberté, il le montrera. une paire de talons évidents pour ceux qui l'ont envoyé, et je suis rarement intéressé de savoir qui ils sont.

* Certain.

"Non, non", dit Rob avec une touche d'importance ; "Il est après moi. C'est un maître d'école d'Inverness..."

"Oh ! Peut-être, peut-être", interrompit Cameron. "Il est capable d'être tout ça. Mais c'est mieux que toi, Rob – même si je déteste avoir l'air de sous-estimer ton importance, mon garçon."

"Alors il n'est pas..."

"Souhait ! Qu'importe qui il est ? Alors tu comprends, Rob. Suivez-le et voyez s'il va vers le nord ou le sud, et puis quand vous saurez que je vous enverrai en voyage, car je voyage moi-même vers l'est. " ".

"Mais Seigneur Lovat."

L'homme à côté de lui sursauta.

« Et lui, Rob ? » demanda-t-il rapidement.

"Peut-être qu'il aura besoin de moi."

Cameron posa la main sur l'épaule du garçon.

« Rob, » dit-il très gravement, « Lord Lovat aura besoin de mieux que vous pour sauver son vieux cou, et, par pitié, je ne lui dirai pas un mot de la guerre de cette nuit, ni à personne d'autre que celui que vous connaissez.

"Non", a déclaré Rob, "à personne d'autre qu'au prince."

"Allez, car le temps passe. Quand la recherche de ce trésor commencera - car remarquez-vous, une vingtaine d'yeux ont dû m'observer d'aussi près que les vôtres - que feront-ils lorsqu'ils creuseront sur le sable et trouveront un groupe vide ? O' Stanes ? Ils examineront le quartier à la recherche de traces de travaux de pelle et de pas. Ils savent qu'un seul homme comme moi ne pourrait pas transporter ces tonneaux à plus de cent mètres. Ils viendraient directement ici, Rob, comme une meute de chiens. sur la piste."

"Que pouvons-nous faire?" » a demandé Rob, craignant que son travail ne soit jeté.

" Il n'y a qu'une chose à faire, Rob, et cela peut paraître très ridicule ; mais ce sont toujours les trucs stupides qui sont les plus difficiles à démêler. Quand je t'ai demandé de te montrer au bord du loch, où il fait plus clair. que je ne l'avais espéré, c'est parce que j'ai eu une pensée, Rob, et c'est juste celle-ci : il y a une ou deux nobles dans ce quartier peu communes, impatientes de surveiller mes actes cette nuit, et, étant un homme modeste, Rob, je... Je ne suis pas trop content de cette idée," et il rapprocha un peu sa tête. "Et si, Rob," murmura-t-il, "tu devais prendre ma place au bord du loch pendant une petite demi-heure, ou peut-être un peu plus ?"

"Prends ta place ?"

"Oui, mettez ma perruque et mon manteau (le chapeau dont j'aurai besoin), et quand la lune sera cachée par un nuage, froissez-vous simplement sur les cailloux, et asseyez-vous de manière à ce que votre kilt soit caché. Cela prendrait les yeux." " Oh, un hibou pour voir quelque chose qui ne va pas dans cette faible lumière, Rob. Veux-tu le faire, mon garçon ? C'est pour le prince, bénis-le. "

"Donnez-moi votre perruque et votre manteau", dit Rob pour réponse.

Avec un soupir de soulagement et sans autre mot, Cameron mit la perruque sur sa tête et enroula le long manteau autour de lui, remontant le col. Puis ils restèrent en silence à regarder le ciel gris et froid.

"Vite", dit-il enfin, "il y a un nuage qui arrive", et il poussa doucement Rob hors de l'obscurité des arbres. En même temps, il chantait un vers d'une chanson pour tous ceux qui pourraient douter de lui, et il recula hors de vue.

Lorsque la lune sortit de la tache fugace de nuages, elle tomba sur la silhouette d'un homme assis sur un morceau de rocher bas, les coudes sur les genoux, le dos tourné au rivage, et dans le silence mort du ciel. nuit, qui pourrait deviner combien de personnes regardaient cette forme noire et accroupie, se demandant pourquoi il ne se levait jamais ni ne marchait, mais s'asseyait seulement, le menton dans la main, regardant l'autre côté du loch.

Pendant ce temps, Cameron retournait sans bruit à l'endroit où reposaient les tonneaux. Mieux vaut être prévenu, et il n'était pas assez stupide pour supposer que cacher des trésors dans le pays Cameron serait une affaire facile.

Son clan avait beaucoup d'amour pour lui, mais ils avaient aussi un respect hors du commun pour l'or, et les temps étaient durs. Ainsi, une semaine avant que la frégate n'atteigne le Loch-na-nuagh, il avait creusé un trou sous un rocher dans le ruisseau qui se jetait dans le Loch Arkaig, et à l'intérieur du trou avait caché un petit tonneau destiné à contenir la moitié du contenu des tonneaux (qui contenait des sacs de louis d'or). L'autre moitié, par sécurité, il avait résolu de la cacher ailleurs, tandis que les tonneaux, vides d'or, il avait décidé d'enterrer en toute hâte là où Rob les avait placés.

Et c'est ainsi que commença le dur travail, car il ne resta que deux heures d'obscurité.

Heureusement, le vent s'était levé et le bruit de ses préparatifs était inaudible. Que Cameron était nerveux et impatient d'en finir, on aurait pu le deviner à sa hâte frénétique. Il marcha d'abord en amont pendant cinquante mètres avec un sac sur les épaules. Puis il fit glisser un gros rocher sur la cascade pour détourner le courant, et déposa son fardeau sous le lit du ruisseau, là où le tonneau ouvert était prêt à les recevoir. Puis il revint, sans jamais mettre les pieds sur la terre ferme, et ainsi, avec le dos douloureux et les doigts ensanglantés, il travailla jusqu'à ce qu'enfin le tonneau soit plein et le couvercle fermé, et la pierre roula de sorte que l'eau se précipita sur place. sous lequel se trouvait le trésor.

Le creusement d'un trou pour les tonneaux en aval du ruisseau commença alors, et cela étant fait, Cameron se dirigea vers l'embouchure du brûlage dans la direction opposée à celle où la première partie de l'or était enfouie ; et toujours pataugeant dans le courant, il commença à s'approcher du rivage. À environ vingt mètres du lac, un grand rocher s'élevait à côté de la brûlure, et à environ six pieds au-dessus, une seule branche d'arbre se balançait avec raideur dans la brise nocturne, s'étendant en ligne droite depuis le tronc, car près du lac. Sur le rivage, le flanc de la colline était boisé et épais de sous-bois.

La partie la plus difficile du travail commençait alors. Il glissa d'abord un morceau de corde dans la boucle des sacs restants en tenant le bout dans sa main. Il se reposa un moment, puis sautant sur le rocher, il s'accroupit un instant et se précipita droit vers la branche épaisse au-dessus de lui. Le saisissant fermement, il se balança les jambes croisées dessus et, se penchant, commença à hisser les sacs à côté de lui, en attachant solidement la corde autour de l'arbre.

Après avoir détaché le premier sac, il le transporta le long de la branche, et, écartant les feuilles, on découvrit dans le tronc de l'arbre un trou de la taille d'une soucoupe, dans lequel il le pressa. Il fit cela plusieurs fois, jusqu'à ce que le contenu de la seconde moitié des fûts soit à l'intérieur du tronc creux, puis, réarrangeant les feuilles, il prit très gravement un nid d'oiseau de l'intérieur de son chapeau, et le posant sur le trou, il y glissa quelques d'œufs d'un petit sac autour du cou à l'intérieur, et se laissa tomber à nouveau sur le rocher.

Puis, enterrant les tonneaux comme il l'avait prévu, et cela, mais négligemment, de sorte que le dessus de l'un d'eux dépassait même un peu le gazon, il jeta quelques pièces d'or par terre. Le travail était terminé. En volant, il a appelé Rob à voix basse, qui, attendant un moment, s'est glissé à ses côtés.

Cameron, sans un mot, enfila de nouveau son manteau et sa perruque, et tapota l'épaule de Rob, le conduisit sur la plage, où le clair de lune faisait briller le loch comme de l'argent battu. Le chat qu'il avait caché dans un endroit secret.

"Passons ensemble un instant", dit-il à voix basse. "Il est probable que nous serons vus, mais je pense que personne n'a regardé pour l'instant. Vous pourriez vous demander pourquoi moi," continua-t-il en parlant plus fort et en tournant la tête un peu vers les arbres, "qui ai pris tant de précautions, j'ai Je t'ai fait confiance, Rob, qui m'est étranger. Alors je ne peux pas te le dire, car je ne sais pas, et c'est la sobre vérité. Quoi qu'il en soit, voici un plan des lieux et d'autres choses et je ne peux pas laisser cela sortir. vos mains, Rob, et si vous êtes pris, avalez-le ou détruisez-le d'une manière ou d'une autre, au cas où nous serions surveillés, prenez-le de ma main comme si nous disions au revoir maintenant ! et tendant la main droite, Cameron cria : « Au revoir, Rob », d'une voix très claire. et fait passer le papier; mais d'un mouvement agité, il le rata et le laissa tomber par terre.

« Tuts ! » dit-il, et en se baissant rapidement, il fit une grande affaire pour le remettre entre les mains de Rob. « Suivez cet espion ce soir, » dit-il, « puis dépêchez-vous sur les traces du prince et dites-lui que j'attends ses instructions à Lochaber. Si vous avez besoin de moi, faites-vous savoir qu'il y a un muir-fowl pris au piège. ' Faites attention aux mots, mon garçon, car je saurai que vous êtes pris.

À ce moment-là, il y eut un petit bruit comme un soupir derrière eux, et Cameron sursauta et scruta l'obscurité.

"Parle plus bas," dit-il, "tu comprends ?"

"Oui," répondit Rob.

"Alors venez. Lâchons ce type, et après cela, moins nous verrons Arkaig, mieux ce sera." En disant cela, il montra le chemin vers le lieu creux.

Le clair de lune brillait doucement entre les cimes ondulantes des arbres, mais il tombait sur des pelouses vertes vides et des bruyères hérissées. Aucun homme n'était allongé là. Il ne restait même pas ses cordes. C'était comme s'il avait été enlevé. Sans un mot, Cameron fit reculer Rob rapidement.

« Séparez-vous et courez », murmura-t-il d'une voix agitée, « car nous devons être encerclés », et, courbant le corps, il s'élança parmi les arbres vers le flanc découvert de la colline. À ce moment-là, Rob, pris d'une peur soudaine de l'inconnu et d'une grande crainte d'Ephraim Macaulay, prit ses talons et courant dans une direction perpendiculaire à celle dans laquelle Cameron était allé, il doubla sur ses traces et tomba. sous un banc de bruyère.

Heureusement qu'il l'avait fait, car des pas rapides résonnèrent au-dessus de sa tête, et deux hommes le dépassèrent à toute vitesse dans le bois. Puis, rampant sur ses mains et ses pieds, il se dirigea vers la tête du lac. Mais il avait parcouru à peine cinq cents mètres avant que la note claire et douce, comme le son d'un chanteur, ne dérive vers lui. Et la mesure qu'il jouait était l'air fantastique et fantomatique de Muckle John, la même mélodie tordue qui avait tant secoué le maître d'école de la maison de Miss Macpherson.

Il s'approcha et il s'étendit à plat ventre avec un arbre tombé devant lui. Soudain, sur le rivage éclairé par la lune, apparut une silhouette qu'il ne pouvait pas confondre : les énormes épaules et la poitrine, la tête massive de Muckle John lui-même. Et pendant qu'il jouait, il regardait de côté et d'autre, comme s'il cherchait quelqu'un.

Rob était sur le point de courir en avant, puis tout aussi rapidement il s'enfonça plus bas dans l'ombre. Quelque chose le retenait.

Muckle John reposa alors l'instrument et siffla la mélodie obsédante au clair de lune.

CHAPITRE VIII

VOL

La peur de la nuit, des rôdeurs inconnus dans la bruyère, de la fuite du maître d'école et surtout du danger pour son journal maintenaient Rob dans un silence haletant.

Et pendant tout ce temps, Muckle John marchait vers lui, sifflant doucement en arrivant. Passant à quelques mètres à gauche de l'arbre tombé derrière lequel Rob était accroupi, il s'arrêta brusquement, puis s'assit tranquillement sur le tronc de l'arbre, les pans de son manteau touchant presque la joue de Rob.

Il resta assez longtemps, les coudes sur les genoux, à regarder le lac, et pourtant Rob ne bougea jamais, attendant son heure. Enfin, avec un profond soupir, Muckle John commença à parler à lui-même d'une voix basse et rêveuse, comme un homme troublé par quelque chose et douteux de la conduite à suivre.

"Pauvre Rob," dit-il, "où est-il arrivé maintenant ?" Sur quoi il soupira de nouveau et secoua la tête. "Je doute", murmura-t-il, "qu'ils l'aient emmené, car il n'a pas répondu à mon petit coup de sifflet. Il aurait répondu s'il l'avait entendu, car il me l'avait promis, et Rob n'est pas du genre à revenir sur sa parole - oh non, vous ne soupçonneriez jamais Rob de cela," et il s'arrêta d'une manière déchirante comme si l'émotion l'avait submergé. Quant à Rob, il lui suffisait de ne pas surgir et de l'attraper par les mains ; mais il gisait comme une pierre, complètement misérable, détestant le journal et ses misérables soupçons.

"En plus," continua Muckle John plus vivement, "j'ai sauvé la vie du garçon et je suis heureux de l'avoir fait. Oh, non, non, je ne peux pas me dire que Rob a entendu le sifflet et a passé son cou dans le nœud coulant d'où je l'appelais. Pauvre Rob, répéta-t-il, j'en doute, mais il est déjà à bout de souffle.

Puis il remua un peu et commença à boutonner son manteau.

"Je dois sauver Rob", dit-il d'un ton très déterminé, et alors le garçon lui toucha doucement le manteau.

"Muckle John," murmura-t-il.

L'homme à côté de lui sursauta violemment et faillit tomber complètement du rondin, tant son étonnement paraissait grand. Mais avec un effort de récupération, il repoussa Rob.

"À terre", murmura-t-il en gaélique, "à terre pour ta vie", et il commença à s'étirer comme s'il s'était endormi. "Rob," murmura-t-il enfin, "J'espère que vous n'avez pas entendu mes vapeurs."

"Je crains de l'avoir fait", a répondu Rob.

"Eh bien, eh bien, il n'y a pas de mal là où aucun mal n'a été dit. Mais j'ai été blessé, vous le savez, que vous n'ayez pas tenu compte de mon sifflet. Parlez bas, Rob, car il y a eu un homme derrière votre touffe de bruyère pendant la dernière moitié. -heure."

"J'avais peur", a déclaré Rob, "Ephraim Macaulay a été relâché et oh— Muckle John, je..."

« Personne ne me soupçonnait, sûrement ? » Il haletait.

"J'avais peur, voyez-vous, et..."

Mais Muckle John secoua la tête et se lança dans un monologue en Lowland Scots.

"Oh, Rob, Rob," dit-il, "ce n'est pas une audience agréable. Cela rend les choses difficiles. J'ai l'intention de vous quitter, Rob, même si je recule devant le fait de le faire, car le pays regorge d'espions et de sic. ' genre, et en ce moment présent, il y a une période où des hommes ont les yeux rivés sur cet endroit, et tous ont juste faim de l'aube. C'est un stratagème dangereux dans lequel vous êtes engagé, Rob, et à côté duquel se trouvait Culloden. aussi douillet que des lapins au collet," et il soupira de nouveau, les yeux levés vers le loch.

"Rob," s'écria-t-il soudain, "c'est assez pour me faire mourir de honte quand je le dis, mais c'est Macaulay que vous pensez que j'ai perdu. Viens donc, Rob, et suis-moi, et je jure sur le poignard nu que je' Je vous montrerai Macaulay," et se glissant dans les sous-bois, il lui fit signe de revenir. Profitant ainsi de chaque lambeau de couvert, ils atteignirent le bois où la brume se levait avant l'aube.

À ce stade, Muckle John avança très prudemment sur ses mains et ses pieds, et Rob s'émerveilla de voir un homme aussi grand se déplacer aussi doucement qu'un chat. Mais tout à coup, il tomba sur le ventre et remua le pied en guise d'avertissement. Car des voix d'hommes murmurées en gaélique venaient de derrière un rocher immédiatement à leur droite.

"Il ne peut pas avoir quitté le rivage, Angus", dit l'un d'eux, "car Neil surveille le brae et nous nous rapprocherons de lui au lever du soleil. D'ailleurs, ce n'est qu'un garçon."

"Il y a un grand homme avec lui, Donald ; qui sera-t-il ?"

"Je n'en suis pas sûr, Angus, mais il est probable qu'il s'est mis à la bruyère comme beaucoup d'autres jolis gars, même s'il ressemblait à celui que vous connaissez, dont je ne mentionnerai pas le nom. Qui qu'il soit, il ne se mêlera pas. avec nous, Angus.

"Mais où peut bien être passé le capitaine ? Il surveillait Archie Cameron et puis il a disparu, et Cameron aussi."

Avec un regard en arrière, Muckle John s'enfuit, et Rob et lui passèrent au cœur du bois et jusqu'au creux où Macaulay avait disparu. Là, Muckle John se redressa et, écartant les fougères à l'extrémité inférieure du creux, il fit signe à Rob.

"Voilà", dit-il, "est votre prisonnier", et bien sûr, là gisait la forme liée et silencieuse d'Ephraim Macaulay.

"Mais comment est-il arrivé ici ?" » a demandé Rob. "Il n'aurait pas pu rouler."

"Rob", répondit Muckle John, "je serai plus franc avec vous que vous ne l'avez été avec moi. Je l'ai amené ici moi-même."

"Toi?"

"Et qui d'autre ? Mais qu'il en soit ainsi. J'ai l'impression que nous devons nous dépêcher", et il commença à dénouer les cordes qui entouraient les mains du prisonnier.

Rob le regardait sans un mot, trop perplexe pour parler.

"Muckle John," murmura-t-il enfin, "ne pourrions-nous pas utiliser ses vêtements ?"

"Tuts," répondit-il, "il est évident que vous avez été très impressionné par la journée de Culloden; mais je dédaignerais d'utiliser un vieux truc comme celui-là deux fois en une semaine. Il y a des gens, Rob, qui feraient passer le message que Muckle John n'était pas ce qu'il était", et il se tourna de nouveau vers Macaulay et perdit pied. Mais il a laissé le bâillon dans sa bouche, en retirant seulement le bandeau de ses yeux. "Maintenant, monsieur," continua-t-il en s'adressant à Macaulay à voix basse, "j'ai ici un poignard qui fait son travail en secret et pourtant avec rapidité. Vous comprenez ce que je veux dire ? J'ai aussi un pistolet chargé dans ma poche, et je Je me flatte que vous connaissez mon adresse au tir. Avant de commencer notre escapade, j'aimerais vous poser une ou deux questions. Hochez simplement la tête et j'excuserai une réponse civile.

Un violent signe de tête pouvait à peine être discerné dans l'obscurité.

"Merci. Dans quel quartier votre peuple est-il rassemblé ? Pointez du doigt."

Après une hésitation momentanée, le prisonnier montra la direction de l'ouest.

"C'est fini, monsieur, je savais que je pouvais vous faire confiance pour mentir. Alors nous allons nous regrouper à gauche juste pour vous contrarier. Maintenant, marchez entre nous, et attention, mon poignard a hâte de vous creuser les côtes. Si nous sommes mis au défi dis que ce n'est que deux de tes amis, et au premier mot de trahison, je te piquerai comme un cochon. Avec cette prudence, il retira le bâillon de la bouche de Macaulay.

"Écoutez, Rob," continua-t-il à voix basse. « Il y a une vingtaine d'hommes autour de cet endroit, et ils poursuivent quelque chose que vous n'êtes pas étranger. Si nous gagnons, nous n'aurons pas de repos jusqu'à ce que nous soyons bien hors du pays Cameron – mais je doute de la durée. et la largeur des Highlands sera à peine assez grande. »

Il dit tout cela d'une voix très grave, puis, prenant Macaulay par le bras, il le conduisit vers le front de la colline avec Rob de l'autre côté.

L'aube était proche et la brume tombait froide comme de la glace sur leurs visages. En contrebas, ils pouvaient voir l'éclat froid du loch et entendre les oiseaux sauvages crier dans les roseaux. Après un quart de mile, Muckle John s'arrêta.

"Maintenant, Rob," dit-il, "nous avons atteint leur file de guetteurs. Tandis que nous passerons le brae, nous serons scrutés par de nombreux yeux invisibles. Je ne parle pas, mais fais-moi signe de la tête quand je m'adresse à toi, et prends" la partie supérieure, car vous n'avez pas besoin de surélever un peu", et sur ce, ils quittèrent l'abri des arbres. Dans la lumière tamisée et grise, le flanc de la colline paraissait très pâle et désolé. Un whaup pleurait tristement au-dessus d'une mare solitaire d'eau de colline. Comme une ombre, un chien-renard, rentrant chez lui, glissa sur le chemin et fut englouti parmi les rochers.

Aucun autre son ne parvenait à leurs oreilles.

Soudain, de la bruyère à leurs pieds, un homme surgit – un type trapu aux cheveux roux, avec un dague nu à la main. Quelque chose dans le visage sombre de Macaulay semblait avoir éveillé ses soupçons.

"Qui es-tu?" il a pleuré en gaélique.

"Répondez-lui", grogna Muckle John à l'oreille de Macaulay, mais avant qu'il puisse dire un mot, le Highlander avait scanné le visage de Rob, et avec un cri d'avertissement aigu, il sauta en arrière dans la bruyère. C'était son dernier mot mortel. Avec un sifflet d'acier volant, Muckle John libéra sa Claymore et, s'élançant alors qu'elle sortait du fourreau, enfonça la lame jusqu'à la garde.

Avec un cri terrible, l'homme recula et toussa, et Rob tomba malade à la manière dont il se tordait dans la bruyère. À travers la brume, une demi-douzaine de formes accoururent dans leur direction. Il n'y avait pas un instant à perdre. Désengageant précipitamment son épée, Muckle John jeta son pardessus autour de la tête du maître d'école, et le jetant du bas de la colline entraîna Rob à genoux, une main sur la bouche.

Le fracas de la forme volante de Macaulay et ses cris étouffés attirèrent les nouveaux arrivants devant l'endroit où ils reposaient, puis, sautant sur ses mains et ses pieds, Muckle John s'enfuit dans la direction opposée au cœur de la brume tourbillonnante. Il y eut un bref silence, puis au loin, un cri aigu retentit encore et encore jusqu'à ce que chaque rocher semble vivant de voix, et que la faible lueur du soleil levant rende leur fuite impossible.

"Ils l'ont trouvé", s'écria Muckle John, gravissant le flanc de la colline à grande allure avec Rob sur ses talons, "alors gardez votre souffle et suivez-moi."

Il y avait peu de couvert sur cette partie de la colline, et il était évident, d'après les cris frénétiques s'élevant d'en bas, que leurs poursuivants les avaient vus traverser un espace ouvert.

« Plus vite, Rob ! s'écria Muckle John en s'élançant comme un lièvre, la tête penchée sous les épaules tandis qu'il courait.

Finalement, lorsqu'ils atteignirent un amas de rochers et de pierres, il se laissa tomber derrière le premier, esquivant le long de la partie supérieure de la pente, tandis que Rob se précipitait derrière lui. Ils s'arrêtèrent un instant, environ cinq cents mètres plus haut que le chemin qu'ils avaient parcouru quelques minutes auparavant, et Muckle John jeta un coup d'œil autour d'un rocher et scruta la pente brumeuse en dessous.

« Regardez », dit-il enfin. Tout en bas, en tendant la tête vers l'avant, Rob aperçut de nombreuses formes se déplaçant comme des points parmi la bruyère. Au premier rang de tous, Ephraim Macaulay leur faisait signe de continuer ; puis, dans une rude demi-lune, balayèrent une trentaine de Highlanders en haillons, des caterans à tête choquée, barbus, à l'air féroce, courant comme des chiens sur la piste.

"Des hommes brisés", dit sombrement Muckle John, les observant avec autant d'attention qu'un renard surveille les chiens. "Cameron des voleurs et du bétail sans nom. Voudrions-nous être hors de ce pays."

Le soleil se levait sur le vallon, et même à cette heure de péril mortel, Rob devait admirer la lumière dorée sur le loch bleu et la fraîcheur verte du printemps dans les arbres bien en contrebas.

Leurs poursuivants avaient maintenant atteint le point où ils avaient reculé le long de la colline, et voilà qu'ils furent repoussés, fouillant les rochers, espionnant l'autre versant et cherchant de plus près.

"C'est la dernière rafale qui l'a fait, Rob", murmura Muckle John, ravi de son intelligence; "Mais je dois admettre que je n'aime pas ce poste. Ils ont hâte de mettre la main sur toi, Rob, et c'est la vérité. Je pense que tu dois avoir de grandes informations, mais je ne suis pas l'homme pour le faire." questionner chacun sur ce qui le concerne le plus. » Secouant la tête, il se remit à observer les mouvements de leurs poursuivants.

"J'aimerais pouvoir vous le dire, Muckle John," répondit Rob mécontent.

"Oh," dit-il avec une grande démonstration d'indifférence, "je ne faisais que vous ridiculiser. C'est peut-être seulement parce que vous avez été vu avec Archie Cameron. Il n'est pas une bonne compagnie pour les gens en ce moment."

"C'est un brave gentleman, Muckle John."

" Oh, peut-être ; mais il y a bel et bien quelqu'un pour inventer des histoires contre un homme. Certains disent qu'il est fidèle au Prince, mais d'autres dont je ne connais pas les noms vous diront qu'il a l'œil sur ses propres affaires. "

Rob écoutait avec une rougeur d'indignation sur le visage.

"Vous lui faites du mal", lâcha-t-il. "Le Prince a besoin de le remercier pour le travail de la nuit dernière, et je suis tenu de lui en faire part."

Il s'arrêta brusquement, craignant d'en avoir trop dit. Mais Muckle John était apparemment concentré sur le flanc de la colline.

« Écoutez, » dit-il, « ils viennent droit sur nous. Maintenant, Rob, ce sera du toucher et du départ, et faites ce que je vous dis sans poser de questions, car je connais ce pays comme ma main ; et je vous le dis. tout de suite, si nous ne sommes pas à vingt milles de l'autre côté d'eux avant la tombée de la nuit, autant nous trancher la gorge. Et, Rob, attention, c'est toi qu'ils recherchent, pas moi. garder en lieu sûr, juste au cas où - vous le savez - " et il s'arrêta, regardant par-dessus la tête de Rob.

"Cela, je ne peux pas", dit fermement Rob.

"Alors suivez-moi", fut toute la réponse que donna Muckle John, et plaçant un énorme rocher entre eux et leurs ennemis, ils coururent rapidement en biais jusqu'au sommet, où pendant un instant Muckle John se retourna. La grande formation en demi-lune des Highlanders ascendants se déplaçait rapidement vers le haut.

"Ce n'est pas un travail d'habit rouge", haleta-t-il, "mais tartan contre tartan et renard chassant le renard", et ils s'éloignèrent le long du versant opposé de la colline, juste assez bas pour manquer la ligne d'horizon.

Par chance, une partie de la colline était très nue et vide de couvert, et avant qu'ils n'aient parcouru un demi-mile, un cri lointain les avertit qu'ils étaient vus et que toute la force de leurs poursuivants était maintenant sur leur ligne de front. vol.

Rob a vu un soudain resserrement de la bouche de Muckle John, et maintenant ce n'était plus un jeu de cache-cache, mais une course pour la vie. Le rythme était terrible. Les poumons de Rob éclataient sous l'effort, de sorte que des éclairs de lumière rouges flottaient devant ses yeux.

"Plus vite !" s'écria Muckle John, "ils gagnent ! Oh, ne peux-tu pas faire un sprint, Rob - seulement cent mètres ?"

Pendant un moment, Rob lutta, trébuchant et haletant, jusqu'à ce qu'enfin son pied se coince dans une touffe de bruyère et il tombe lourdement au sol. Sans un mot ni une pause, Muckle John, qui menait d'une dizaine de pieds, se retourna rapidement et, le soulevant, continua sa course folle vers les rochers brisés qui se trouvaient devant eux.

Deux cents mètres derrière arrivaient les premiers Highlanders, sautant par-dessus le sol en bonds, leurs claymores prêtes à la main. Une minute, et Muckle John était passé parmi les rochers, puis doublant à droite et à gauche, il se précipita vers un rocher monstrueux et, grimpant, tira Rob au sommet. Maintenant, sur le dos de ce rocher se trouvait une autre grosse pierre posée dessus, et portant Rob sur son épaule, il grimpa ainsi jusqu'à une fente dans le flanc du précipice qui faisait face à la colline.

Rob avait été trop aveuglé par la fatigue pour remarquer que devant eux se trouvait ce qui était apparemment une impasse avec des rochers nus de tous les côtés, et s'il l'avait fait, il aurait compris pourquoi les Highlanders avaient dévoilé leurs épées. Car ils étaient selon toute apparence pris dans un piège mortel.

Mais Muckle John, s'essuyant le front avec la manche de son manteau, semblait assez content, et plaçant Rob sur la fente stérile, il se retourna et regarda la scène en contrebas. Ses assaillants étaient rassemblés autour du rocher sur lequel il s'était jeté pour la première fois et débattaient de la marche à suivre. Loin derrière venait le gros des troupes, et encore plus loin, Ephraim Macaulay.

"Rob", dit Muckle John, "as-tu déjà ton vent ?"

Le garçon grogna en réponse, mais lutta pour se relever.

"Maintenant," dit Muckle John, "je ne suis pas l'idiot que vous me prenez sans aucun doute. Il y a un chemin pour gravir cette falaise, connu de moi seul et d'un autre. Vous voyez cette fente ? Elle s'étend sur cinquante mètres en biais. Il y a une pause au coin et un petit saut de peut-être deux pieds, mais pas facile, avec juste un rocher nu et six pouces pour atterrir. Mais je ne vacille pas et je ne me décourage pas, car il y a. pas de retour et c'est une mort certaine que de rester ici. Après cela, montez tout droit, mais en vous penchant à gauche, et quand vous atteignez une petite souche d'arbre, attendez-moi, car alors cela ne devient pas une affaire facile.

Rob hésita un instant, mais Muckle John le poussa doucement sur l'épaule.

« Ici, c'est la mort, répéta-t-il, car ils peuvent revenir en arrière et atteindre le sommet en deux heures. Puis, tranquillement, il tira sa claymore pour retenir le rocher contre les assauts.

Sachant que s'il hésitait, il était perdu, Rob s'engagea sur le sentier étroit qui longeait le bord lisse de la roche, et ne baissant jamais les yeux de peur de prendre le vertige, il se fraya un chemin vers le haut, tâtant chaque pied de la surface glissante.

Un silence soudain tomba sur les spectateurs en contrebas, puis un bruit de voix rauque lui parvint, et un instant plus tard, une pierre s'écrasa sur le rocher à un pied de sa tête.

"Haud serré, Rob", a crié Muckle John; "Je ne fais pas attention à eux!" et sortant son pistolet, il tira, brisant le bras d'un autre homme qui s'apprêtait à viser.

Si l'un d'entre eux avait porté un mousquet, Rob aurait été abattu comme un corbeau, mais comme Muckle John l'avait astucieusement deviné, aucun des membres de cet équipage en lambeaux n'avait plus que de l'acier froid, même si celui-ci était prêt au cas où le garçon faiblirait et tomberait.

Mais en rampant, il atteignit l'endroit où se trouvait l'espace vide et, sans s'arrêter, il traversa, reprit l'équilibre et disparut au coin de la rue. À cela, un grand cri de colère éclata et une soudaine précipitation fut faite vers le rocher le plus bas, sur lequel une demi-douzaine d'hommes grimpèrent et de là se précipitèrent à moins de trois pieds de l'endroit où se tenait Muckle John, les attendant.

À ce moment-là, il se précipita sur eux et, s'étendant autour de lui avec sa claymore, déblaya la pierre et resta debout à regarder la foule de ses ennemis avec une grande bonne humeur. Grognant de sombres menaces, ils tombèrent hors de portée de son épée mortelle, et ainsi, s'appuyant contre le rocher, il sortit son sifflet et, plaçant la poignée de sa claymore entre ses jambes, il se lança dans une diatribe Highland.

Or, l'histoire de cette époque était particulièrement odieuse pour les hommes d'en bas, car elle était écrite pour commémorer une grande bataille de clans, au cours de laquelle les peuples de l'Ouest n'avaient pas couvert leur nom de gloire. Il le jouait avec un goût sombre, lui donnant une mesure si enjouée, que chaque note semblait une raillerie et une moquerie amère envers leurs amis et parents.

En effet, il devint tellement absorbé par sa mélodie qu'il ne remarqua pas qu'un homme à sa gauche ramassait une grosse pierre et la lançait comme un éclair sur lui. De plus, il visait un but mortel, car il prit la claymore sur la lame et l'envoya tourner par-dessus le bord de la terre en contrebas.

Avec un cri, Muckle John sauta vers la fente. Les hommes en bas, avec un cri sauvage, se précipitèrent comme des loups affamés sur la place qu'il avait abandonnée.

Et puis, dégainant son pistolet et son poignard, il tomba à genoux comme un chat sauvage défendant son antre avec ses dents et ses griffes, et envoya le premier homme en arrière avec une balle dans la tête.

"Cochon Lochaber", railla-t-il, "il faut une dague pour te faire couiner."

"Homme sans tartan", criaient-ils en gaélique, "sans terre, sans nom..."

"Aucun nom n'est meilleur qu'un nom Lochaber", s'écria-t-il en riant, les repoussant pour la troisième fois.

Mais sa position était désespérée, car les longues lames de ses assaillants pouvaient l'atteindre avant qu'il ne puisse recharger, et son dague était inutile sauf au corps à corps.

Or, à côté de lui, il y avait un rocher accidenté d'environ trois pieds de diamètre, et à peine son regard se fut-il posé dessus, qu'il passa ses longs bras autour de lui et, le poussant jusqu'au bord, le fit rouler sur les visages moqueurs en quelques minutes. pieds de lui-même, et sans remarquer la panique que cela provoquait, il sauta sur l'étroite fente et commença à suivre la route que Rob avait empruntée auparavant.

Mais maintenant, les choses étaient très différentes. Au-dessous de lui, une douzaine d'hommes avaient des pierres à la main ; derrière lui, ceux qui avaient le courage montaient déjà sur le rocher jonché de morts pour le suivre.

Il y avait néanmoins un scintillement moqueur dans les yeux de Muckle John, et il siffla une mesure de la mélodie qu'il avait jouée, et ainsi, marchant d'un pas régulier, atteignit l'espace vide. C'était ce moment critique qu'ils avaient choisi pour leur volée de pierres, et en effet, cela aurait mal tourné si quelqu'un avait perdu l'équilibre à un tel moment.

Mais Muckle John en était conscient autant qu'eux, et du coin de l'œil, il avait évalué leur plan avec précision. Il fit donc un pas en avant et un recul très rapide, ce que peu de gens pouvaient faire là où il n'y avait pas de place pour que les pieds se tiennent, cheville contre cheville. Et comme les pierres claquaient sur la face du rocher au lieu de la sienne, il traversa très froidement et continua son chemin.

Déjoués dans ce plan, ils se mirent à le viser sans discernement, et le bruit sourd sur son côté et ses jambes atteignit Rob au-dessus. Bientôt, une pierre lui coupa le visage, et il dut essuyer le sang de ses yeux pour voir son chemin, ce qui le retarda et rapprocha ses poursuivants (les rares qui osèrent).

Mais il continua néanmoins à ramper et finit par atteindre Rob et s'appuya sur le petit arbre cassé.

"Oh, Rob, Rob," haleta-t-il, "J'ai presque tout gâché. Suivez-moi, car ils tourneront le coin dans une minute. Une fois revenus au sommet, Rob, et il n'y a pas de retour en arrière," et il baissa les yeux sur la tête de leurs poursuivants avec un sourire significatif.

Les cinq derniers mètres furent aussi dangereux que le reste, et plus d'une fois Rob se crut perdu. Mais chaque fois, Muckle John le stabilisait, plaisantait et sifflait un morceau de mélodie.

Finalement, ils grimpèrent sur un terrain plat et gisèrent, les doigts et les genoux en sang, et toute force leur manquait.

Quelques minutes s'écoulèrent, et d'en bas parvenaient de légers bruits de pas. Avec un gémissement, Rob se releva et regarda. Un spectacle épouvantable se présentait à lui. Environ vingt mètres plus bas, là où un homme était obligé de grimper sur les épaules de l'autre, le point d'appui avait cédé, et après une saisie momentanée et flottante de l'herbe maigre qui poussait par endroits çà et là, un cri lugubre s'éleva, et les deux les corps glissaient, tombaient et couraient hors de vue.

"Ils sont tués !" s'écria Rob.

Muckle John se leva avec raideur.

« J'ai dit qu'il n'y en avait que deux qui connaissaient le chemin, » répondit-il, « et l'un d'eux, c'est moi », et il s'étira et commença à gravir la pente de la colline.

« Venez, Rob, » dit-il par-dessus son épaule, « ils vont nous poursuivre maintenant, mais nous avons deux heures de départ, ce qui, pour sauver les Anglais, devrait s'avérer suffisant.

Puis, tout à coup, il s'arrêta net et regarda avec un froncement de sourcils le vallon en contrebas. Attirant Rob vers l'avant, il pointa vers le bas, sans dire un mot.

Et Rob n'a rien dit non plus ; Il n'y avait rien à dire.

Tout au long de la vallée et dans les collines au-delà étaient dispersées de minuscules tentes blanches, et de petites silhouettes en manteaux rouges se déplaçaient ici et là comme des fourmis dans un espace ouvert au milieu de la bruyère, tandis que le soleil brillait et scintillait sur des étincelles blanches d'acier.

CHAPITRE IX

LE TOUR DE LA BALANCE

"Rob," dit Muckle John, "c'est une belle affaire, car nous voici avec le pays sauvage des Cameron et Arkaig en sécurité derrière nous, et à quelques pas des terres de Glengarry, pour lesquelles nous luttons depuis quatre heures. et plus."

Au sud-est d'eux se trouvaient Glen-Pean et Glen-Kingie qui s'étendaient dans la solitude. Mais entre eux et une sécurité relative se trouvaient les tentes anglaises endormies, et à chaque instant se trouvaient les Cameron et les Macaulay. Muckle John secoua la tête sombrement. "Nous ne pouvons pas revenir en arrière, Rob, et nous ne pouvons pas avancer - du moins pas jusqu'à la tombée de la nuit, et ensuite nous risquons de recevoir une balle."

Il s'allongea par terre et mâcha un morceau d'herbe, regardant les tentes anglaises d'un air renfrogné.

"Nous sommes presque perdus", dit Rob désespérément.

"Homme Rob," répondit sombrement Muckle John, "vous possédez un discernement rare."

Avec un soupir, Rob le laissa tranquille et se mit à réfléchir à ses propres affaires désespérées. A deux reprises au cours des douze dernières heures, il avait été sur le point de détruire le papier et chaque fois il était reconnaissant d'avoir attendu. Mais maintenant, ils étaient pour ainsi dire perdus. Capturés soit par les Anglais, soit par Macaulay, ils étaient voués à une mort rapide, et la dépêche se révélerait un énorme trésor pour l'un ou l'autre : la carte qui montrerait le chemin vers l'or du prince Charlie, avec laquelle il pourrait acheter dix mille dollars. des hommes à son étendard. C'est du moins ainsi que Rob voyait les choses, et certains diraient qu'il y avait une part de vérité dans ce qu'il croyait.

C'est l'idée que l'argent tombe entre de telles mains qui l'a déterminé à détruire la carte. Il jeta un coup d'œil à Muckle John, mais ses yeux étaient fixés sur un poste vacant. Puis, s'éclipsant, il s'appuya le dos contre un rocher et sortit avec précaution l'enveloppe du côté de son richelieu, où il l'avait cachée.

Elle était scellée et adressée au Prince. Rob eut à peine le temps d'y jeter un coup d'œil, qu'un appel d'avertissement de Muckle John le fit bondir, le papier toujours à la main.

« Voyez, Rob, » s'écria-t-il, mais en regardant attentivement le morceau de papier, « voici Macaulay qui arrive de l'ouest, nous devons donc décider sur l'instant. Une fois et pour la dernière fois, vous avez tout ce dont je peux me charger. , car c'est toi qu'ils chercheront, pas moi.

Rob se sentit faiblir, mais encore une fois, sa promesse faite à Cameron ne le lui tint pas.

"Non", s'écria-t-il en faisant mine de déchirer le papier en deux.

"Tu es un imbécile !" cria Muckle John en se précipitant vers ses mains.

Rob, très alarmé, sauta de côté, et le grand homme trébucha et pataugea sur le sol. Que devait-il faire ? Mais tout d'un coup, il s'immobilisa. Pourquoi devrait-il douter de Muckle John ?

"J'ai suivi votre conseil", dit-il en montrant le morceau de papier qu'il tenait à la main.

"C'est seulement ce qui semble raisonnable", a répondu Muckle John. "Maintenant, laisse-le de côté, car c'est le cou ou rien pour nous, Rob."

"Avez-vous un plan?" demanda le garçon, les yeux fixés sur les tentes blanches et le cœur triste et effrayé.

"Une sorte de plan", répondit-il, et il partit en courant pour récompenser les Anglais.

Sans un mot, Rob le suivit. Il n'y avait pas le temps de remettre en question une telle décision, et déjà Macaulay était à moins d'un mile d'eux. Mais quand il les vit se diriger vers les tentes dans la vallée en contrebas, il s'arrêta, comme il aurait pu, car la vue de deux rebelles jacobites courant vers un camp anglais était suffisamment saisissante.

Les Highlanders qui l'accompagnaient, qui ne souhaitaient pas se rapprocher des soldats en blouse rouge, ralentirent également leur pas et, tombant au-dessous de la ligne du ciel, devinrent invisibles dans la bruyère.

Muckle John courut, et derrière lui Rob, jusqu'à ce qu'une sentinelle anglaise lève son mousquet et leur crie de s'arrêter. Le garçon jeta un regard anxieux au visage de son compagnon. Mais il n'y a rien ramassé. Il n'y avait certainement aucun signe de peur.

"Qui va là?" s'écria la sentinelle.

Tout à fait silencieusement, Muckle John fourra une main dans la poche de sa capote.

"Voici mon passeport", répondit-il, "et voici mon guide. Je suis le capitaine Strange, en service spécial dans l'ouest", et il remit un document à l'homme, qui le lut lentement, puis, saluant, se leva. au garde-à-vous jusqu'à ce qu'ils soient passés.

Cependant, lorsqu'ils furent à une vingtaine de mètres de distance, Muckle John parla à voix basse à Rob.

« Regardez la colline, dit-il, et dites-moi si Macaulay descend.

Mais il n'y avait personne en vue, et en apprenant cela, Muckle John poussa un grand soupir comme s'il était grandement soulagé.

Ils s'approchaient des tentes et continuaient leur marche, lorsqu'un officier se leva et les arrêta.

"Qui es-tu?" » demanda-t-il, « et de quel genre de chat sauvage des Highlands s'agit-il ? pointant du bout de son épée vers Rob.

"Je suis le capitaine Strange", a déclaré Muckle John.

"Etrange", répéta l'homme, qui semblait être un homme de bonne humeur, très ennuyé d'être assis au milieu des collines. "Oh oui, je vous connais par votre nom, et je suis le capitaine Campbell, à votre service. Venez vous amuser à l'intérieur", et il se dirigea vers sa tente.

Avec une hésitation momentanée, Muckle John le suivit, mais avant tout il jeta un rapide coup d'œil par-dessus son épaule vers le flanc de la colline.

Puis, s'asseyant à l'intérieur, il entama une conversation, tandis que Rob attendait à l'extérieur de la tente, observant les soldats debout à leur poste ou marchant de long en large dans la bruyère.

A tout moment, un curieux pressentiment de peur s'alourdissait sur lui, et le silence de la journée ne faisait qu'intensifier.

« Je suppose que vous étiez à Culloden, » dit le capitaine Campbell ; "cela a dû être une mauvaise affaire."

"Aucun d'aussi pauvre", a déclaré Muckle John; "là où il y a des hommes affamés et des chefs qui se chamaillent, on ne cherche pas beaucoup de résistance, mais ils ont brisé deux lignes, monsieur."

"L'ont-ils fait ? Il est évident que les hommes d'Argyll n'étaient pas en vue."

"Non", répondit sèchement Muckle John, "les Campbell étaient employés à abattre les murs."

L'autre le regardait avec incertitude. Il sentit la douleur sous ses paroles.

« Si l'affaire avait été laissée au duc, dit-il, il n'y aurait pas eu de demande de prélèvements dans le Pays-Bas.

"Si cela avait été laissé au duc", répondit Muckle John, "tous les clans du nord auraient fait des ravages à Argyll."

« Vous parlez étrangement, monsieur – je suppose que vous ne voulez pas offenser le clan Campbell ?

"Moi", répéta Muckle John, "qu'ai-je contre eux ? Je suis un Lowlander, comme mon nom vous l'indique ; nous ne pouvons pas tous naître de l'autre côté de la frontière des Highlands."

"Eh bien, Capitaine Strange, il y a des hommes courageux des deux côtés ; je suppose que vous êtes sur la piste des chefs rebelles ?"

"Et qui d'autre ? Mais je piégerais aussi consciemment les renards à Badenoch ; ils disparaissent comme une odeur de tourbe une nuit d'été."

Le capitaine Campbell hocha la tête et, sortant une dépêche de sa poche, il rapprocha son tabouret d'un peu plus près.

« Vous arrivez à point nommé, dit-il, car voici une dépêche dans laquelle votre nom apparaît et certaines informations secrètes sont contenues pour vous être transmises.

"En effet, monsieur", dit Muckle John, toute attention.

"Le duc de Cumberland a appris que certains rebelles sont cachés sur les côtes d'Arkaig, et parmi eux Lord Lovat, qui a fui dans cette direction depuis Gortuleg House. Deux jours après Culloden, un groupe de dragons a encerclé ce dernier. mais il était parti, emportant ses papiers avec lui. C'est un vieil homme et ne devrait pas échapper longtemps à la capture. Le duc accorde la plus grande importance à sa capture, il est assuré que tous les autres problèmes se dissiperont. " Tant que Lovat vivra, il conseillera la résistance, et cela peut signifier des mois de service dans les collines. "

« Est-ce que d'autres sont mentionnés ?

"Il est dit que de l'or français a été débarqué près d'Arkaig, et voici un mandat d'arrêt pour arrêter deux rebelles qui en ont connaissance. L'un est un garçon, nommé Rob Fraser, qui connaît la cachette de Lord Lovat, et l'autre est... à votre avis, à qui ?"

" Qui en effet, monsieur ? Lochiel... Cluny... ? "

"Non, non, qui d'autre que Muckle John, le plus dangereux de tous quand des ennuis se préparent."

"Muckle John ? Mais n'est-il pas à l'étranger ?"

" À l'étranger, qui a jamais entendu parler de lui à l'étranger alors qu'il y a une tête à casser chez nous ? On dit qu'il est recherché pour une accusation aux Pays-Bas. "

"C'est un type dangereux", dit sévèrement Muckle John, "et pourtant il y a une sorte de qualité chez cet homme : un oiseau de passage, capitaine Campbell, et un joli joueur de chant."

"Plus un oiseau de potence que n'importe quel autre. Il sifflera un air assez subtil lorsque le duc en aura fini avec lui. Il met beaucoup d'importance sur sa prise, je peux vous le dire. Il peut raconter une histoire, Capitaine Strange, qui le fera. ça vaut la peine d'être entendu, je serai lié. Lui et ce garçon, Rob Fraser, sont en compagnie, un couple aussi désespéré que jamais dans la bruyère ce jour-là.

"Je suppose qu'on ne sait pas où ils se trouvent ?"

L'autre fit un clin d'œil très sournois.

"Le filet se referme", a-t-il déclaré, "et une fois le garçon attrapé, il y a peu de chance que l'autre se détache."

Pendant ce temps, Rob était dehors et il aurait souhaité que Muckle John vienne. Devant eux se trouvait un vagabond fatigué, et déjà fatigué. Ses yeux se fermèrent un instant, puis s'ouvrirent et se refermèrent. Il se mit à penser à son père et à la façon dont cela s'était passé avec Lord Lovat, et ainsi pensant il s'endormit.

Son réveil fut assez brutal, car avant qu'il puisse ouvrir les yeux, ses bras furent retenus derrière son dos et il fut hissé brutalement sur ses pieds. L'officier, plus de bonne humeur, lui faisait face, tandis qu'une demi-douzaine d'habits rouges lui fermaient toute chance de s'échapper.

Et devant lui se tenait Ephraim Macaulay.

« Lequel d'entre vous est le Capitaine Strange ? s'écria le capitaine Campbell, très rouge au visage, et regardant vers sa tente comme s'il attendait une réponse indignée de l'intérieur.

"Je suis le capitaine Strange", répondit Macaulay avec raideur.

"Alors où sont tes papiers ?"

"Ils ont été volés par l'homme qui était venu avec son garçon et qui dormait devant votre tente."

"Faites attention à vos paroles, monsieur. Comment puis-je savoir que vous êtes ce que vous dites ?"

"Peut-être n'avez-vous pas pris la peine de lire les indications figurant sur le passeport ?"

"Non, monsieur, j'avoue que non."

"Alors si tu l'avais fait, tu aurais réalisé que je ne mesure pas environ 1,80 mètre ou que je ne voyage pas avec un rebelle notoire, comme ce garçon là-bas. Et aussi que mon nom n'est pas—Muckle John."

"MUCKLE JOHN!" cria l'officier, "si ce que vous dites est vrai", s'écria-t-il, et s'interrompant, il se mit à courir vers la tente et regarda à l'intérieur, puis écarta les plis et disparut complètement. Mais un instant plus tard, il se déchaînait dans le camp comme un homme devenu fou.

"Il est parti !" il cria. « Faites sonner le clairon là-bas et fouillez les collines ! Puis, replongeant dans sa tente, il reparut, son chapeau à la main.

Car Muckle John était parti, ne laissant derrière lui qu'un trou net dans la toile de la tente, du côté le plus éloigné du véritable capitaine Strange, dont la réputation d'agent secret au service anglais ne garantissait pas sa sécurité future. Pendant longtemps, les soldats ont cherché, mais aucun signe de Muckle John n'a été découvert, et personne ne l'a vu partir.

Cependant, pour Rob, ce n'était qu'un piètre réconfort, car pieds et poings liés et gardé par deux soldats, il passa une nuit misérable, et le matin venu, il fut placé entre une file de soldats, et la marche vers Fort Augustus commença, où il fut la rumeur disait que le duc de Cumberland arriverait ce jour-là.

Ce n'est qu'à midi que ses mains se délièrent, et alors, très prudemment, il chercha le précieux papier, sachant que l'heure de sa destruction était venue.

Ses doigts parcoururent prudemment le côté de son accent. Il l'a fait allongé sur le côté, les jambes repliées sous son pagne.

Mais en vain, car le journal avait disparu .

CHAPITRE X

LE DERNIER Scintillement

C'est une erreur de supposer que les Jacobites étaient prêts à abandonner tout espoir de résistance sans une dernière tentative d'obtention de conditions, voire de victoire. Culloden était perdu, mais un grand nombre de clans n'étaient pas arrivés à temps pour engager la bataille. Une fuite ignominieuse signifiait la ruine totale des chefs et une soumission incontestée au gouvernement, alors qu'une position dans les collines était éminemment adaptée à la guerre dans les Highlands. La cavalerie était inutile dans les pays difficiles et les soldats du Sud étaient facilement déjoués et confus.

Si le prince Charles n'avait pas perdu la tête lors de la débâcle de Culloden, il serait peut-être resté roi des Highlands, voire de l'Écosse elle-même.

Malheureusement, la force de l'armée jacobite était aussi sa plus grande faiblesse. Rapides à se mobiliser et équipés par des siècles de guerre de campagne, ils étaient également peu habitués à une campagne prolongée. Le combat rapide et la retraite rapide, le raid de nuit et la poursuite infatigable étaient leur conception de la guerre. Ils ne se souciaient guère du bien ou du mal d'une querelle, du moment qu'ils pouvaient tuer un homme ou deux et rentrer chez eux avec quelques têtes de bétail.

Pour cette raison, le retard et la confusion qui ont suivi Culloden ont fait des ravages dans l'armée jacobite. Une fois leurs visages tournés vers leur pays, aucune puissance sur terre ne pouvait arrêter les clans. Ils étaient fatigués de faire campagne avec des tarifs dérisoires et des salaires modestes. Quelques jours plus tard, les Enfants de la Brume furent rassemblés dans leurs propres montagnes et l'armée s'était fondue en quelques restes dispersés attendant un chef. Sur les rives d'Arkaig, quelques conférences futiles eurent lieu, puis suivit durement l'inévitable dispersion.

Lord Lovat, en qui les chefs avaient encore une certaine confiance, fut transporté à Muirlaggan, où l'attendaient Lochiel, Glenbucket, Murray de Broughton et d'autres.

Ils se levèrent tandis qu'on le portait au milieu d'eux, animés d'une sorte de respect pour la vieillesse infirme.

Murray de Broughton, frissonnant de maladie, les yeux vacillants et agités, tapait avec ses doigts sur la table rugueuse. Il connaissait Lovat depuis longtemps et avait souffert de sa part ; Lochiel, pâle à cause de sa blessure, ressemblait à un homme plus navré qu'anxieux. De tous les dirigeants jacobites, il était le grand gentleman et celui dont la vie et les motivations étaient des plus pures.

Lord Lovat était parfaitement à son aise. Il prit la tête de la table sans poser de questions, scrutant chaque visage sous ses sourcils hirsutes, plus invaincu que jamais.

"Eh bien, messieurs," dit-il, "je suppose que vous n'avez pas accepté le jour de Culloden comme votre *coup de grâce* ?"

Lochiel secoua la tête.

"Non, non", dit-il d'un ton absent, "nous pensons à nos pauvres gens", ce à quoi Murray hocha la tête, évitant le regard fixe de Lovat.

"Moi aussi, j'ai un clan", dit sombrement le vieil homme, "je ne l'ai jamais oublié. Il y a aussi mon fils."

Ils avaient en commun la courtoisie de reconnaître qu'il était aussi profondément impliqué que n'importe qui d'autre.

« Il est de notre devoir d'empêcher Cumberland de se venger impitoyablement de notre peuple », a-t-il poursuivi ; "Plutôt que de les laisser à la justice hanovrienne, nous devrions être prêts à mourir l'épée à la main."

Murray de Broughton bougea avec inquiétude.

« Je crains que Votre Seigneurie ne sache pas à quel point nos forces sont dispersées – le prince fuyant pour sauver sa vie – et les clans peu disposés à se mobiliser à nouveau.

Très lentement, Lovat releva la tête et regarda Murray de haut. Puis se tournant vers Lochiel, il dit : « N'est-ce pas vrai ? comme si le secrétaire du prince n'avait rien dit.

"Je suis prêt à tout sacrifier si nous pouvons tenir tête", répond simplement le chef des Cameron.

"Je pense que Votre Seigneurie n'a pas compris ce que je voulais dire", interrompit Murray, troublé.

"Je pense", corrigea Lovat avec sang-froid, "je l'ai bien compris."

" Pardon de Votre Seigneurie si je semble prendre une liberté, " dit Roy Stuart, " mais que pouvons-nous faire de plus que ce que nous avons fait au cours des derniers mois ? On nous a promis l'aide française ; aucune n'est venue. Nous avons cherché des Français. de l'or - il y en a eu assez peu. Les Jacobites anglais sont restés comme des rats dans un trou.

"Et nous, ceux d'entre nous qui savent courir", rétorqua Lovat, "sommes comme des rats sans trou. Il y a des occasions, M. Stuart, où même les rats peuvent affronter le chat et le mettre en déroute aussi."

"Le prince nous a ordonné de nous disperser", bêla Murray dans un frémissement de nerfs et de colère tiède.

« Le Prince », aboya Lovat, « a donné son dernier ordre sur Culloden Moor. Nous en avons fini avec les princes, les Irlandais et les grandes promesses françaises ; nous sommes des hommes avec tout à perdre et quelque chose à gagner. Peut-être votre profession, M. Murray, ou est-ce votre sang des Lowlands qui vous a fait ignorer jusqu'où le désespoir peut pousser un homme.

"Vous êtes heureux de ricaner, monsieur", lâcha Murray.

"J'espère", répondit Lovat d'un ton mélancolique, "vous n'aurez peut-être jamais l'occasion de rendre ce compliment."

"Allez, allez", interrompit Lochiel, "ce n'est pas le moment de se disputer. S'il est décidé que nous allons lever les clans, nous devons nous dépêcher. Je suppose que nous sommes d'accord sur ce point ?"

Lovat hocha la tête avant que quiconque puisse parler.

" Pourrions-nous seulement lever quelques milliers d'hommes, " dit-il, " et nous montrerons au duc ce que peut signifier la guerre dans les Highlands. Rencontrons-nous de nouveau dans dix jours, chacun avec son peuple. Envoyez la convocation, Lochiel. Laissez le Prince, s'il le veut, embarque pour la France – tant que nous ne nous trahissons pas les uns les autres » (et ici il regarda Murray attentivement) « nous sommes aussi en sécurité que des chats sauvages en Argyll. »

Il y eut un fort murmure d'approbation de la part de son entourage. Maintenant, comme toujours, Lovat avait gagné. Il était venu, un vieux malade, toussant dans sa civière, face à une douzaine d'hommes assez rongés de peur et de perplexité. En une petite heure, il les eut à ses trousses. Avec un corps aussi sain que son esprit, il aurait élevé lui-même les Highlands.

Pourtant Murray de Broughton, cette porte grinçante, doit avoir sa parole. C'était plus son habitude d'esprit que n'importe quel mal réel chez cet homme. Il était l'âme de la méthode et aussi concis que le Lord Président lui-même. Peut-être soupçonnait-il Lovat, comme Lovat le soupçonnait en toute sincérité. Peut-être a-t-il été influencé par la raison qu'il possédait. Il se peut qu'il ait prévu ce qui était ordonné et qu'il ait connu Lovat tel qu'il était.

« Monseigneur, » dit-il de sa voix hésitante, « j'ai peu d'influence ici – je n'ai personne à considérer – je ne suis pas un soldat, seulement un homme d'affaires qui a essayé de servir la cause.

Ils attendirent pendant que Lovat le regardait comme un serpent regarde un lapin.

"En supposant, monseigneur, que les clans soient persuadés de se soulever à nouveau, quel genre de campagne pouvez-vous mener ? Où pouvez-vous vous procurer vos approvisionnements, vos munitions ou l'argent pour payer nos troupes ? Déjà la côte est patrouillée - les Highlands encerclés et les routes du sud sont coupées — quelle sorte de miséricorde recevront les endroits isolés — les endroits mêmes où vous espérez obtenir des provisions ? Ils tourmenteront tellement le pays, mon seigneur, qu'ils vous affameront même à la vue des femmes et des hommes ? des enfants venant à vous dans la plus grande famine vous feront regretter cette démarche. C'est la famine, et non la défaite, qui vous donnera votre réponse, mon seigneur.

"Il y a du vrai dans ce qu'il dit", murmura un homme derrière Lochiel.

"M. Murray," dit Lovat, "je ne doute pas que vous parliez avec sincérité, mais c'est une question sur laquelle nous devons prendre notre propre conseil. Veillez à votre propre sécurité, M. Murray, et aucun gentleman ici ne dira que vous avez agi. inconvenant."

C'était devenu un combat entre ces deux-là : Lovat forçant le pas pour sauver sa peau, et Murray, sachant ce qu'il y avait derrière tout cela, luttant, qui peut dire pourquoi, pour les dissuader de verser davantage de sang.

Il s'humidifia les lèvres et joua sa dernière carte.

« Comme vous voudrez, messieurs, » dit-il suavement, « c'est à vous de décider. Mais en tant qu'homme d'affaires, puisque Votre Seigneurie a écarté toutes les plus belles qualités en moi, puis-je suggérer que peut-être un mémorandum de cette réunion, un L'engagement de nous lier ensemble donnerait adhésion à une telle proposition. C'est tout à fait naturel, et dans une situation désespérée où tous doivent vivre ou tomber ensemble, c'est une décision prudente à prendre.

Lovat agrippa le bord de la table avec ses mains. Ce fut vraiment un coup dur. Son visage a changé de couleur. Il parut un instant frémir comme s'il était glacial, sa tête commençant à trembler d'un côté à l'autre.

"Je suis entièrement d'accord avec cela", a déclaré Lochiel.

"Non, non", murmura Lovat.

Murray le regardait avec toute la délectation d'un homme faible remportant un rare triomphe.

« Votre Seigneurie a-t-elle parlé ? Il a demandé.

"Oui," dit Lovat, reprenant ses forces, "je ne vois que du danger et des formalités inutiles dans de telles procédures. Nous ne sommes pas des hommes d'affaires, M. Murray, nous sommes des gentlemen des Highlands."

C'était un lancer audacieux, mais il a conquis le cœur de beaucoup de gens là-bas, qui détestaient Murray et ses manières de jouer du violon dans les Lowlands. Seul Lochiel ne disait rien, oscillait dans deux directions à la fois et était prêt à s'évanouir sous la douleur de sa blessure.

"Je pense", interrompit Roy Stuart, "nous devrions reporter la signature jusqu'à ce que nous nous revoyions."

" Courageusement parlé ", remarqua Lovat, " rencontrons nos hommes dans dix jours. Je peux promettre trois cents Frasers, sinon plus. "

Là-dessus ils se levèrent tous et conférèrent avant de se quitter, chacun promettant un régiment, et cette nouvelle passerait par les collines.

Seul Murray était seul, et seul Murray a vu un homme entrer avec un paquet et le remettre à Lovat. Il regarda le vieil homme l'ouvrir ; il remarqua son sursaut et fronça les sourcils. Plus encore, il lut la terreur soudaine sur son visage.

"Ramenez cet homme!" » s'écria le Fraser, mais personne ne l'entendit (sauf Murray), et quand il apprit enfin que le messager était introuvable, il gémit et une sorte de désespoir s'installa sur son visage comme un masque.

Mais ce qui a intrigué Murray, c'est la nature du package. Car il ne contenait pas de papier (qu'il pouvait voir) mais seulement une bande de tartan Fraser, et celle-ci était très tachée dans un coin comme la décoloration du sang.

CHAPITRE XI

UNE ÉVASION ÉTROITE

Maintenant, lorsque Muckle John avait entendu la voix de Macaulay – ou, pour lui donner son vrai nom, Capitaine Strange – s'approchant de la tente, il avait légèrement reculé et desserré son poignard. L'inévitable s'était produit, et il avait trop longtemps joué avec le feu. Ainsi, lorsque l'officier s'est dépêché d'aller à la rencontre du nouvel arrivant, il a fait un certain nombre de choses très rapidement.

Mais la première fut la découpe de la toile la plus éloignée de l'entrée. Puis, d'un plongeon, il s'en sortit, et la tente se trouvait entre lui et ses ennemis.

A sa droite, à une centaine de mètres, se trouvait une sentinelle, debout, le dos tourné, regardant vers la colline d'en face. Sur sa gauche encore, il y avait un groupe d'habits rouges en repos et jouant aux cartes.

Traverser l'espace ouvert et atteindre la pente sans être vu semblerait impossible, et pourtant Muckle John l'a fait, et qui plus est, il lui a fallu deux heures pour le parcourir, ce qui, dans une période de danger aigu, pourrait sembler un voyage tranquille.

Ce que ses yeux vifs tombèrent en premier fut un cheval qui paissait à trente mètres de là. Mais il a écarté ce risque, le considérant comme un risque trop dangereux. Cependant, à environ la moitié de cette distance, une touffe de foin gisait – un tas lâchement lié d'environ huit pieds de long sur quatre de large.

Lorsque Muckle John vit qu'il respirait à nouveau, et ôtant son chapeau, il le lança en direction du foin, puis attendit patiemment. Heureusement, personne ne l'a vu voler dans les airs et tomber au sol.

À ce moment-là, Strange avait suscité l'indignation de l'officier, puis son inquiétude. Il a fait exactement ce que n'importe quel homme ordinaire aurait fait dans ces circonstances. Il se précipita dans la tente ; il aperçut la déchirure et regarda rapidement à travers. Mais Muckle John était autour du rabat et invisible. Puis, se rendant compte que son défunt hôte s'était enfui, il se précipita de nouveau par la porte de la tente et hurla l'ordre de prendre les armes.

À ce moment-là, Muckle John bougea comme un éclair. Il ne se précipitait pas vers la touffe de foin ; il savait qu'un lieu de refuge aussi évident les attirerait en premier. Il rentra tout doucement dans la tente par la fente et, rampant sous la literie posée sur le sol, il observa les soldats qui couraient dehors avec des yeux vifs et calculateurs.

Une demi-douzaine, dirigée par Campbell, chargeaient le foin et le retournaient encore et encore. Alors Strange, non satisfait de cela, enfonça son épée au milieu, et poussa et frappa avec une détermination extraordinaire, ce à quoi Muckle John sourit et resta immobile. Il n'eut pas à attendre longtemps, cependant, car la découverte inévitable de son chapeau les envoya en toute hâte vers la bruyère et la campagne rude au-delà, et épargna une recherche plus rapprochée plus près de chez eux, ce qui était exactement ce que Muckle John avait craint et prévu d'empêcher. .

Les soldats s'en allèrent avec Strange et le petit officier au visage rouge, et le camp, sauvant les sentinelles, fut dégagé.

Ainsi commença le premier mouvement en avant. D'un bond, Muckle John passa à travers la fente et, s'élançant au-dessus de l'espace intermédiaire, il atteignit la touffe de foin mutilée et rampa en dessous. Une corde l'attachait vaguement. Se glissant entre cela et le foin, et comptant sur la chance que ses bottes étaient cachées, il commença à avancer de plusieurs centimètres sur le sol.

Au moment où les premiers soldats entraient dans le camp, fatigués et endoloris, trop chauds et trop fatigués pour poursuivre les recherches, il avait parcouru vingt mètres.

Après eux arrivèrent Strange et l'officier, en pleine conversation. Ils passèrent devant eux et tout redevint calme. Et puis, à sa profonde consternation, deux soldats, arrivés tardivement de la poursuite, se laissèrent tomber sur le foin et se préparèrent à se reposer.

"Pratique aujourd'hui", dit l'un d'eux.

"C'est vrai, Silas, mais aussi une douceur rare après le temps", et l'un d'eux bâilla et desserra sa veste.

« Que ferez-vous du jeune, pensez-vous ? demanda l'un d'eux.

"Tirez-lui dessus à Fort Augustus", répondit l'autre. " J'ai entendu le capitaine dire : " Comment allons-nous y marcher demain ? Cela semble cruel de tirer sur un simple rasoir, Silas. "

"Ce n'est pas comme s'il était chrétien, mais seulement un 'Ighlander", répondit Silas.

"C'est vrai", répondit l'autre, apparemment rassuré.

Pour Muckle John, cette information était intéressante. Mais pour le moment, il s'inquiétait davantage de l'avenir.

Heureusement, le court après-midi approchait et un vent froid de printemps soufflait des collines enneigées. Cela a fait frissonner les soldats et les a fait trébucher dans les barrières du camp. Cela a également permis à Muckle John de se libérer et de se déplacer lentement vers les terres accidentées au pied de la pente.

Et puis il passa la tête dans le foin, comme une tortue hors de sa carapace, et regarda autour de lui.

À sa droite se tenait une sentinelle, apparemment assoupie. À sa gauche, une autre sentinelle, mais qui marchait de long en large pour se réchauffer. Très patiemment, Muckle John a attendu que plusieurs choses se produisent. Il était inévitable que l'obscurité tombe bientôt, et cela signifiait la sécurité. Il était également très probable que le froid croissant ferait monter et descendre les deux sentinelles, ce qui offrirait une chance de s'échapper dans la bruyère sans être vue.

Mais contre ces deux probabilités s'opposait la dure réalité que les chevaux ont besoin de fourrage, et que chaque minute rapprochait la recherche de la touffe de foin.

Si Muckle John avait été le genre d'homme qui, après avoir fait preuve d'un maximum de prudence, prend un minimum de risques grâce à un esprit très convenable, il se serait enfui et, esquivant les balles des sentinelles, aurait fait confiance au crépuscule pour couvrir son vol.

Mais Muckle John éprouvait une certaine fierté dans ces épisodes. Il aimait terminer un ouvrage comme celui-ci, partir à son gré ; surtout pour ne pas donner à ses ennemis la vaine satisfaction de savoir comment il avait réussi. En ce moment, la sentinelle qui somnolait laissa tomber son fusil, et, le ramassant en toute hâte, se mit à piétiner lourdement comme son compagnon. Il ne s'écoula que cinq secondes exactement où leurs deux têtes furent tournées vers lui.

Muckle John l'a testé cinq fois, laissant une demi-seconde pour les accidents et les demi-tours dans les virages.

Puis s'écartant du foin, il attendit, accroupi sur ses mains et ses genoux. Enfin, d'un bond, il franchit le point dangereux, et se retrouva à plat avec la bruyère lorsque les sentinelles se retournèrent.

Les cinq secondes suivantes le virent à trente mètres, les suivantes à quarante mètres, puis il se mit à courir le dos courbé, une ombre parmi les ombres, jusqu'à ce qu'il soit rassemblé dans l'obscurité et qu'on ne le voie plus.

Ce fut le lendemain soir que Muckle John, voyageant toute la nuit et se reposant le jour, arriva à Inverness et, étouffant son visage, traversa la ville silencieuse et frappa à la porte de Miss Macpherson. À l'intérieur, tout était absolument calme et, pendant un instant, il craignit qu'elle ne soit partie.

Mais très lentement, la porte s'ouvrit, et deux yeux perçants le regardèrent, tandis qu'un nez en bec d'aigle était poussé en avant comme s'il allait frapper.

"Qu'est-ce qu'il y a ?" elle a pleuré.

« Maîtresse Macpherson », dit Muckle John ; "Laissez-moi entrer, car je suis épuisé, et ce n'est pas le lieu pour échanger des plaisanteries..."

"Des plaisanteries en effet," renifla-t-elle. « Rien n'était plus éloigné de mon esprit », mais elle le laissa entrer malgré tout et verrouilla la porte.

Puis, levant la lampe de jonc, elle le regarda droit dans les yeux.

"Oh!" s'écria-t-elle, "et c'est ce que je pensais. Bonsoir, M. Muckle John, même si l'esprit n'est pas aussi muet que lors de notre dernière rencontre."

"Non, madame, vous dites vrai", répondit-il en fronçant les sourcils à la lueur du feu.

"Dites-moi", dit-elle, "avant d'aller plus loin, qu'en est-il de Rob, le corps obstiné et austère ?"

Muckle John déplaça les yeux.

"Peut-être qu'il n'a pas eu autant de chance que nous aurions pu le souhaiter", dit-il en secouant lentement la tête.

"Je ne crois pas les mots avec moi!" Elle a crié. « Oot avec ça, vous le cateran de Hieland… qu'est-ce que Rob… où est-il… est-il en prison ?

"Non, non", s'écria Muckle John, "mais peut-être pas si loin non plus."

Les yeux de faucon étaient désormais fixés farouchement sur lui.

"Pourquoi es-tu venu ici ?" elle a pleuré. "Qu'est-ce qui a poussé tes pieds à marteler la route pendant des heures ? Était-ce juste pour le plaisir de discuter avec moi ? Oh, non, mon homme, il y a une belle histoire derrière ton visage," et elle s'assit, son le menton posé sur sa main.

Avec un haussement d'épaules, Muckle John raconta la fuite de Culloden (sans rien dire de son rôle ce jour-là), la rencontre sur les rives d'Arkaig et la prise de Rob.

"Il se mêle d'affaires que je ne peux pas contrôler", dit-il finalement, "et donc il est à destination de Fort Augustus, et il doit en sortir, sinon je ne m'appelle pas Muckle John."

"Ce qui est probablement vrai", renifla Miss Macpherson, "et pas aussi réconfortant que vous l'espériez peut-être."

Il la regarda un instant sans parler.

"Maîtresse Macpherson," dit-il enfin, "écoutez-moi. Quand Rob sera élevé à Fort Augustus, votre ami Ephraim Macaulay, dont le vrai nom est Capitaine Strange et espion notoire, cherchera à prouver qu'il était en armes à Culloden. Ils doivent le prouver, pour lui faire craindre la mort pour des raisons qu'il vaut mieux ne pas dire, qui connaîtra Rob mieux que Yersel, et qui viendra clairement à l'esprit de Strange Mair, si on lui demande de voyager vers le sud ? soyez prêt à l'avance, car c'est à vous de décider si Rob sera libre ou non.

"J'ai toujours soupçonné votre Macaulay", remarqua Miss Macpherson, "et son écossais n'était pas ce que j'appelle le bon Édimbourg."

"Il a des cordes à son arc, et qui peut dire quelle flèche pourrait apporter à Rob ? Mais quand le message arrivera, Maîtresse Macpherson, je ne nierai pas que vous connaissiez Rob, car cela prouverait immédiatement sa culpabilité, car il est possible d'en trouver d'autres. qui sautera sur l'occasion de plaire à Strange. Faites-lui beaucoup de bien, et quand vous lui direz au revoir dans sa cellule, remettez à l'homme de garde un morceau d'argent et fermez la porte. Ken, au fort, sera heureux de me rendre un service, et il installera Rob dans l'une des chambres donnant sur la cour extérieure.

« Allez, mon homme, » dit-elle ; "Je ne suis pas lent à adopter."

Le visage rougi, Muckle John détacha sa veste.

«Voici, dit-il, une ou deux choses qui pourraient nous servir», et il lui montra un rouleau de corde fine, une lime, un pistolet et un skian-dhu.

"Ils sont très gentils", dit-elle, "mais je ne cherche pas seulement à comprendre leur connexion avec moi-même."

"Maîtresse Macpherson", dit Muckle John, dont le visage devenait encore plus rouge, "si vous pouviez voir comment enrouler cette corde autour de votre taille et cacher les autres choses, je pense que Rob est pour ainsi dire en sécurité."

Elle resta longtemps silencieuse.

"Monsieur," dit-elle, "je crois que vous êtes un honnête homme, même si j'étais certaine que vous étiez un voyou jusqu'à ce moment précis."

Le visage de Muckle John était, pour une fois, un mélange d'expressions, avec celle de l'irritation au premier plan.

"Je l'espère," répondit-il brièvement, "mais je ne suis pas parfait, vous savez."

"Pourquoi veux-tu autant que Rob sorte ? Il n'est pas ton parent ?"

Il poussa une exclamation d'impatience.

"Qu'importe," cria-t-il avec irritation. "Dois-je lui sauver la vie, n'est-ce pas suffisant ? Peut-être que j'ai de l'affection pour le garçon. Peut-être est-ce parce que nous sommes les compagnons de souffrance de la Cause."

"Et peut-être", interrompit Miss Macpherson, "ce n'est aucune de ces bonnes raisons du tout."

A quoi il ne répondit rien, mais parut sur le point d'entrer dans une violente colère, puis il se tut, comme s'il était amèrement offensé.

« Maîtresse Macpherson, » dit-il avec raideur, « une chose sur laquelle je peux jurer, c'est que je ne veux pas de mal à Rob ; et je vous le promets : si vous faites ce que je demande, je répondrai de son ultime évasion et de sa sécurité. » et, sortant son poignard nu, il se prépara à prêter serment.

« Bien, » dit Miss Macpherson, « je ne me comporte pas comme un acteur de théâtre ; je ferai ce que vous voudrez, et avec plaisir, pour l'amour de sa mère, ma femme. Mais vous avez dit qu'il y avait une cour extérieure. Comment Rob parviendra-t-il à t'en remettre ?"

"Il n'en aura pas besoin", dit Muckle John en se levant.

Des pas retentirent soudain dans la rue. On frappa fort à la porte, puis un autre, et le bruit des sabots impatients d'un cheval cognait et claquait sur les pavés.

Comme une vaste ombre, Muckle John passa silencieusement dans la pièce voisine, tandis que Miss Macpherson tirait les verrous.

Dans la rue se trouvait un policier tenant un paquet à la main.

« Pour Maîtresse Macpherson », dit-il, « de la part du capitaine Strange, maintenant en poste à Fort Augustus », et, remontant à nouveau, il remonta lentement la rue.

À l'intérieur, elle déchira le papier. Il lui demandait de se rendre à Fort Augustus à l'aube.

Muckle John lut ce que c'était d'un coup d'œil.

Puis, rassemblant son manteau, il s'inclina et, croisant un instant son regard, s'enfonça dans l'obscurité de la rue et disparut.

CHAPITRE XII

DANS LES MAINS DU DUC

Pour Rob, le monde était soudainement devenu très désespéré et désespéré. Aucune conspiration du destin n'aurait pu conduire à sa perte. Le précieux papier que lui avait confié le Dr Cameron, rempli d'on ne savait quelles nouvelles vitales et indications concernant le trésor caché, avait été volé, mais pire encore, par une main inconnue. Il est tristement réconfortant de savoir qui a joué le rôle du voleur. Mais Rob n'avait même pas cette piètre satisfaction.

Il s'était endormi et, entre ce moment et le voyage à Fort Augustus, le journal avait mystérieusement disparu. Une pensée horrible s'est présentée. Lui a-t-on été retiré avant qu'il ne soit lié par les soldats ? Muckle John avait disparu sans un mot ni un effort pour le sauver. Il avait espéré sans enthousiasme un secours sur la route, mais aucun signe d'âme vivante n'avait croisé ses yeux.

Et enfin, au coucher du soleil, ils atteignirent le fort, et il fut conduit dans une salle de garde et là laissé à ses propres pensées.

Soudain, la porte s'ouvrit doucement et la forme anguleuse du Capitaine Strange se glissa dans la pièce. Rob se leva et attendit en silence qu'il parle.

Mais cela, Strange ne semblait pas pressé de le faire. Au lieu de cela, il se mit à marcher lentement dans la pièce, les mains enroulées derrière le dos et le menton enfoncé sur la poitrine.

Puis : « Rob, dit-il, que vous ai-je dit à Inverness ?

Ce à quoi il n'a reçu aucune réponse. Rob avait le rare don du silence.

" Ne vous ai-je pas dit qu'un gibet suffisait pour assister à vos cabrioles avant très longtemps ? Peut-être n'avez-vous pas vu un homme pendu par le cou, Rob. Ce n'est pas un spectacle beau, dites ce que vous voulez ; et à ma manière de réflexion, ce n'est une perspective agréable pour personne, encore moins pour un garçon plein d'esprit comme Yersel', Rob, car je ne nierai pas que j'admire votre courage, " et il respira lourdement et regarda par la fenêtre.

"Es-tu venu pour parler de pendaison ?" » demanda Rob, luttant pour parler avec calme.

"En passant, Rob... simplement en passant. C'est un sujet qui me fascine, je ne le nierai pas. Venez ici une minute ; vous pouvez voir l'arbre suspendu contre la ligne d'horizon. C'est une pose rare, Rob... là. Je ne passerai pas par ici mais demanderai "Qui pend là-bas ?" et ils apprendront que c'était Rob Fraser, exécuté pour s'être mêlé de ce qui ne le concernait pas, alors, vous aurez l'air d'un imbécile, Rob - pas de grand rebelle mourant pour ses principes, mais juste un gars idiot qui a couru un gros risque. pour le sale profit des autres. »

"Vous pouvez l'appeler comme vous voulez", s'écria Rob, piqué par la colère, et il fit une pause.

« Dis ce que tu as à dire, Rob ; je n'ai pas peur, » encouragea doucement Strange.

Rob ferma les lèvres voyant qu'un piège lui était tendu.

S'apercevant qu'il ne parlerait pas, l'autre fronça un instant les sourcils, puis, avec une apparence de sympathie bienveillante, il lui tapota l'épaule.

"Oubliez mes idiots", dit-il. "Je te prévenais seulement pour ton bien, car c'est un jeu dangereux auquel tu joues, Rob, et un jeu auquel tu joues dans le noir. Veux-tu m'écouter et dire si ce que je te dis est non. c'est vrai", et il approcha un tabouret du garçon.

"Laissez-moi passer en revue vos mouvements au cours de la dernière semaine", a-t-il poursuivi. "Après Culloden - et sachez que j'ai fait de mon mieux pour vous sauver cette nuit-là à Inverness - vous êtes venu dans le pays de Lovat, et de là jusqu'à Arkaig. Là, vous avez rencontré Cameron et enterré l'or. Là aussi vous vous êtes échappé de nos mains, et Je ne l'accorde pas si maladroitement, même si vous n'êtes pas responsable de cela. Ensuite, accompagné de l'homme désespéré que vous appelez Muckle John, vous vous êtes dirigé vers le nord et avez été capturé hier dans le camp du capitaine Campbell. non, la vérité ?"

"C'est vrai", dit Rob, "même si ce que vous avez à dire contre Muckle John devrait être gardé pour sa propre oreille. C'est du gaspillage pour la mienne."

"Brawly a dit, Rob, mais que sais-tu de ce Muckle John ? Cependant, cela peut rester. Je parierais que tu deviendrais blanc si tu savais qui est vraiment Muckle John. Mais quand tu as quitté Cameron, tu avais un papier , Rob. En supposant que ce papier tombe entre nos mains, Rob, ou celles du duc, que se passerait-il, pensez-vous qu'il n'y aurait pas d'or pour votre prince, et d'après les informations contenues dans la lettre, en supposant qu'il y en ait ? Je suis assuré qu'il y en a — il y aurait une telle élimination des Jacobites, y compris du prétendant, que cela mettrait fin à leur cause pour toujours, à supposer qu'un tel journal tombe entre les mains du duc. Rob, qui est écossais après tout, et qui n'est pas favorable à de telles mesures, il y en a beaucoup, Rob, qui font si mal de vos amis jacobites, et c'est un mauvais tir là où il n'y a pas de jeu, » et il sourit en connaissance de cause, révélant. ses dents comme un renard.

Rob était intrigué par la note de suggestion contenue dans son discours. Strange avait-il la carte ou pas ? Sinon, Muckle John l'avait-il pris ? Si Strange l'avait compris, qu'y avait-il à gagner avec de tels mots ? Ne l'apporterait-il pas immédiatement au duc ?

Il jeta un rapide coup d'œil à l'homme qui lui faisait face. Dans ses yeux, il lisait l'avarice, la cruauté et la ruse.

"Si je vous remets le papier", dit Rob, "que proposez-vous de faire ? Le donneriez-vous au duc ?"

Strange retint un sourire.

"Cela dépend", dit-il, "car entre nous, là où l'aigle se nourrit, les autres oiseaux ne font pas de bonne récolte. La vérité est, Rob, il y a certaines choses que tu pourrais me dire, et en retour, je ferais bien plus. pour toi, car je ne suis pas un homme peu généreux, et c'est une triste perspective, le gibet.

"C'est tout cela", répondit Rob, "mais je ne peux pas promettre avant d'avoir entendu ce que vous voulez savoir."

"C'est plus raisonnable, Rob - je savais que vous n'étiez pas le niais idiot pour lequel ils vous prenaient. Maintenant écoutez, Rob, si vous voulez bien révéler la cachette de Lovat et Archibald Cameron et nous aider à mettre Muckle John par les talons. — en retour, je veillerai à ce que vous soyez libre cette nuit même, et je ne vous oublierai pas quand le trésor sera révélé au grand jour.

Rob est devenu malade à ces mots, mais pour en savoir plus, il a simulé son intérêt et a hoché la tête d'un air dubitatif.

"Mais le prince", dit-il.

"En échange de Lovat, j'épargnerai le prince."

"Toi?"

"Qui d'autre, car si vous n'y consentez, je verrai un jour le document et ses détails."

"Et tu garderas l'or ?"

Étrange fit un clin d'œil à cela.

"Nous deux, Rob", dit-il avec un sourire.

Puis Rob, sachant tout et réalisant que Muckle John devait avoir la dépêche, se leva.

« Que j'aie été un bouc émissaire ou non, dit-il, je n'ai qu'à m'en prendre à moi-même ; et laissez-moi vous dire tout de suite, Capitaine Strange ou

Macaulay, ou quel que soit votre sale nom, que rien ne peut me sauver du désastre. le nœud coulant du bourreau, ni vous avec toutes vos promesses, ni rien d'autre, car je n'ai pas le papier que vous voulez", et il attendit que l'orage éclate.

Mais le sourire ne s'éteignit jamais des lèvres de l'autre.

« Eh bien, je le sais, Rob, » dit-il, « car je l'ai en sécurité ici », et il sortit le paquet, encore scellé, de la poche de son manteau.

Avec un cri de rage, Rob se précipita sur lui, mais les chaînes autour de ses jambes le firent trébucher, et Strange, s'écartant avec un grognement, le prit par l'épaule et le jeta violemment à l'autre bout de la pièce.

"Vers le bas!" s'écria-t-il, "ou je te pistolet". Dans un silence sinistre, il remit le paquet dans sa poche.

"Vous voyez, je détiens les cartes", dit-il d'une voix maligne. "Et maintenant, est-ce que ce sera un cou disloqué et votre cadavre la proie des corbies - ou le salut de votre prince, une part de l'or, et la prise de Lovat, qui est inévitable de toute façon, et celle de Cameron, ce qui n'est qu'une question de temps ? Ni l'un ni l'autre ne subiront la pénalité extrême, car Lovat est un vieil homme qui est resté à la maison, et Cameron est médecin et n'était pas du tout à Culloden. Quant à Muckle John, je vais vous dire pourquoi. il a fait tellement de choses avec vous.

"Non non!" s'écria Rob.

"Tu ne veux pas le faire. Autrefois imbécile aveugle et plus jamais, sûrement. Mais pensais-tu que Muckle John a risqué sa vie juste par amour, Rob ? Que le ciel nous préserve, il cherchait..."

"Je sais", dit Rob, "mais n'en dis pas plus. Je dirai au duc que tu as le papier et je m'en remettrai à sa merci."

Strange poussa un rire strident.

"Dites au duc, Rob ! Oh, c'est une bonne ouïe. Pitié ! C'est une petite pitié que vous obtiendrez de lui. Non, non ! Je la lui donnerai moi-même, merci. Peut-être pensiez-vous que j'étais comme votre Muckle John, et tu joues pour ma main. Tu es un vert rare, Rob, mais Jerry Strange n'est pas aussi gentil que le jour, Rob - alors viens me voir le remettre entre les doigts royaux du duc. fais que grand-mère entende, Rob, et il y aura une certaine confusion parmi les rebelles maintenant, " et ouvrant la porte, il entraîna son prisonnier avec lui dans le couloir.

Ils entrèrent dans une pièce élevée ; les chaînes claquaient lamentablement autour des jambes de Rob.

Un petit jeune homme corpulent d'environ vingt-cinq ans, au visage rouge, était assis à une table et lisait des dépêches. Il était vêtu d'un manteau rouge, avec des étoiles sur la poitrine et de nombreux cordons d'or. Il portait une perruque blanche, avait un visage colérique et quelque peu maussade et un œil bleu dur. Il n'y avait rien de romantique ou d'attrayant dans ses traits banals ou dans sa silhouette robuste et maladroite. Son visage ne montrait ni humour ni gentillesse, et certainement pas de beauté, mais seulement de la détermination, du courage et du bon sens en abondance. Il eût été en effet difficile de mettre la main sur un jeune homme si différent en tous points de son rival Charles Edward. Il semblait presque que la Justice lui avait donné la victoire pour le compenser de l'odieux de sa personnalité.

"Vell, Strange", dit-il avec un fort accent allemand, "qu'est-ce qu'il y a ?"

"Votre Altesse," répondit Strange, "j'ai ici un rebelle notoire, bien que jeune comme vous le voyez. Mais il portait un colis qu'Archibald Cameron lui a remis sur les rives d'Arkaig pour le remettre au prétendant. J'ai des raisons de croire , Votre Altesse, qu'il contient non seulement un plan de l'endroit où le trésor sera caché, mais aussi le lieu de cachette du Prince et les mouvements des Jacobites encore en liberté. Nous l'avons suivi selon nos instructions.

Le duc de Cumberland regarda Rob, puis se leva d'un bond.

"Goot, Strange", dit-il en faisant claquer ses lèvres de manière audible, "tu es un vonder. Tu ne seras pas oublié, mon homme", et il déchira le sceau et déballa le papier.

Rob pouvait voir qu'il y avait plus de papier qu'il ne l'avait pensé. Mais ce qui fit soudain espoir dans son cœur, ce fut l'expression perplexe du visage du duc.

"C'est une blague, Strange ?" » cria-t-il enfin en jetant une liasse de papiers sur le sol. "Ceux-là", dit-il avec une colère blanche, "ce sont des comptes d'accusations de drogue. Et ça," ajouta-t-il dans un rugissement de colère, en tenant un morceau du bout des doigts, "a l'impertinence de dire" ce n'est pas la poule aux œufs d'or qui a pondu l'œuf d'or.'"

Dans le silence total, Rob rit jusqu'à ce que les larmes coulent sur ses joues. Et pendant tout ce temps, Cumberland regardait Strange, et ce dernier restait debout avec une expression complètement vide, comme s'il avait ouvert la bouche pour dire quelque chose et qu'il avait ensuite complètement oublié ce que c'était.

Soudain, le duc se tourna vers Rob avec un cri de fureur.

« Demain, » s'écria-t-il, le visage livide de passion, « nous verrons comment vous riez sur le gibet », et il se précipita sur Strange pour qu'il s'en aille, leur tournant le dos à tous les deux.

Mais Rob n'a pas bougé.

"Pour quelle accusation suis-je condamné ?" Il a demandé.

Le duc se retourna.

"Charge!" » cria-t-il, puis il s'arrêta. « Étrange, quelle est l'accusation ? » » demanda-t-il en tapant du pied.

"C'était pour avoir transporté des affaires de trahison", répondit Strange d'une voix rauque ; "mais je suppose..."

"Il n'y avait rien contre le trône dans le paquet", interrompit Rob.

"C'est étrange," cria le duc, "dois-je me disputer avec un écolier ? N'est-il pas un rebelle ?"

"Il l'est, Votre Altesse. Il était en armes à Culloden."

"Zen, c'est sûrement suffisant pour embêter n'importe quel homme."

"Vous n'avez aucun témoin", rétorqua Rob.

"Zen, trouve des vitesses. Himmel ! — fais des vitnesses !" s'écria le duc en se rasseyant à table. "Mais vas-y, Strange, avant que j'éclate - et que je sois vieux - reviens dans une demi-heure. Je parlerais avec toi de cela et d'autres choses."

Dans sa cellule, Rob aurait pu pleurer de joie s'il avait été amené à ce genre de choses. Car il se rendit compte que même s'il avait été l'oie qui avait éloigné Cameron de sa poursuite, le prince était en sécurité et que l'or lui appartiendrait toujours.

Dans cette exaltation, il se dirigea lentement vers la fenêtre. Les derniers rayons du soleil tombaient sur les barreaux vierges du gibet, et il sentit son cœur se serrer, car c'était une fin froide et mélancolique à ses ambitions et à sa vie.

* * * * *

Un quart d'heure plus tard, un soldat sortit en fracas de la cour du fort Augustus, à destination d'Inverness et de Miss Macpherson ; et en temps voulu, le capitaine Strange frappa à la porte de la chambre du duc et entra. Dans l'intervalle, celui-ci avait dîné et paraissait quelque peu apaisé.

En effet, certains disaient que le duc de Cumberland était assez bon de cœur et, bien que dur, doté d'un sens de la justice et de l'honneur. Il a eu peu de paroles aimables et beaucoup de paroles dures, et il y a un dicton selon lequel il y a du bien en chaque homme. En tant que prince allemand, il n'avait aucune sympathie pour les Jacobites. Pour lui, c'étaient des rebelles sauvages parlant une langue barbare et portant des vêtements barbares, dont il ne savait rien sauf les fausses déclarations qui étaient courantes en Angleterre.

"Oh, étrange, étrange", rit-il en s'essuyant les yeux du revers de la main, "qui est la poule maintenant, et où sont les œufs d'or ?"

"Votre Altesse," dit Strange en rougissant, "c'est humiliant, je l'admets, mais je dois vous dire que j'ai été plus que malheureux, étant pieds et poings liés par Cameron et ne sachant pas exactement ce qui s'était passé. Cameron a réparé sa fuite, car mes hommes étaient de son propre clan et ne désiraient pas déshonorer leur nom s'il en prévoyait un autre, je serai lié, et il a donc envoyé ce garçon en courant avec un paquet, et la présence de Muckle John lui a donné une importance supplémentaire.

"Oh, très bien," dit le duc, "mais nous devons ramener le garçon à la raison, Strange. Présentez vos témoignages, et il nous montrera des choses, je serai lié. Comment sait-il, Strange ? Le peut-il dites-nous quelque chose ? »

"Il sait où est caché Lovat, Votre Altesse, et vous savez ce que sa capture signifiera. Cela montrera aux rebelles que nous avons des bras longs."

"C'est vrai, mais va-t-il le dire, Strange ?"

"Une semaine ou deux seul fera des merveilles, Votre Altesse, une fois qu'il saura que nous pouvons le pendre."

« Et Muckle John ?

Strange se mordit la lèvre.

"Est-ce que j'aurais pu le prendre," dit-il amèrement.

"Votre chance viendra, Strange. Le filet se ferme. Bientôt, vous aurez le Prétendant, et tous les petits alevins seront également attrapés..." il bâilla et repoussa sa chaise - "J'en ai marre de ce pays." ," il a dit; "c'est toujours de la pluie, de la pluie, de la pluie et du nez pour manger ou boire."

Et ainsi Strange le laissa regarder sombrement par la fenêtre les noires collines des Highlands.

CHAPITRE XIII

Mlle MACPHERSON VIENT À FORT AUGUSTUS

Dawn trouva Rob en train de regarder par la fenêtre. Ses yeux avaient fixé la nuit jusqu'au vent froid avant que la lumière grise du jour ne tombe sur son visage. De vastes formes apparaissaient vaguement. Les collines se dressaient peu à peu sur le ciel cendré. Des arbres formaient de vagues colonnes noires, dont les troncs étaient à moitié cachés dans la brume.

Soudain, une faible lueur rose colora le gris nacré et, en un instant, la vallée devint distincte. Le soleil se leva et fit scintiller la rosée comme mille diamants scintillants, puis, passant plus haut, inonda le fort d'une lumière jaune et projeta sur le sol l'ombre noire de l'arbre à potence.

Avec un soupir, Rob se tourna et s'assit sur son lit, attendant la fin.

Mais les heures passèrent et personne ne vint. Il entendit les mots de commandement aigus venant de la place de forage en contrebas, et les armes à terre alors que les soldats se tenaient au garde-à-vous. Dehors, un homme sifflait joyeusement, ce qui lui rappelait Muckle John. Il ne l'abandonnerait sûrement pas ! Ne se piquait-il pas de toujours trouver une issue ? Rob se souvint, avec un sourire ironique, que le seul moyen qu'il avait trouvé deux jours auparavant était pour lui-même. Il se demanda ce que Cameron dirait lorsqu'il apprendrait (s'il l'entendait un jour, ce qui était peu probable) à quel point sa plaisanterie avait traité son messager. Il éprouvait une douloureuse satisfaction à l'imaginer très troublé de l'avoir envoyé à la mort.

À ce moment, des pas retentirent dans le couloir et la clé de la porte fut tournée.

Dans la pièce entra le Capitaine Strange.

"Pauvre Rob," dit-il avec un sourire, "tu es comme un fantôme. Tu n'as pas utilisé ton lit ? Viens, viens, j'ai pensé à mieux de toi que ça. Tu n'as pas peur, n'est-ce pas, Rob ?"

"Si j'avais peur, je ferais ce que tu veux, mais tu n'auras jamais cette satisfaction."

"Jamais n'est un mot fort, Rob. Je n'utiliserais pas ce mot pour le duc, mon garçon..."

"Il peut me pendre, mais ce sera sans procès équitable."

Strange appuya son bras sur le rebord de la fenêtre.

"C'est encore faux ; il y aura un procès équitable, Rob," dit-il sans tourner la tête, "et cela aujourd'hui même. C'est plus que beaucoup d'autres n'en ont eu - et c'est la vérité."

"Que peux-tu prouver contre moi ?"

"J'ai un témoin, Rob, qui nous dira tout sur vous. Qu'en dites-vous ?"

"Que tu mens."

Strange se retourna et son visage se durcit.

"Viens alors", cria-t-il avec colère, et il sortit de la pièce.

Avec un soudain pressentiment de danger, Rob se leva et la porte claqua derrière lui. Si, en une seule nuit, ils avaient trouvé un témoin, sa perte serait totale. Et pourtant, quel témoin ont-ils pu découvrir ?

Jusqu'au grand endroit où ils s'étaient rendus la nuit précédente, Strange l'emmena. Devant la porte se tenaient deux soldats armés de mousquets. Passant entre eux, la lourde porte se referma silencieusement derrière. Face à Rob était assis le duc de Cumberland, seul.

Il regarda précipitamment la pièce. Aucune autre personne, témoin ou autre, n'était visible.

« Prisonnier, dit le duc d'une voix rauque, voudriez-vous nous donner des informations sur certains rebelles ?

"Je ne le suis pas", a déclaré Rob.

« Le Zen vote nous empêche de vous pendre ?

"Pour quelle accusation ?"

"En tant que rebelle."

"Vous ne savez rien contre moi", dit Rob, reprenant courage.

"Mais nous avons quelqu'un qui le sait", a déclaré le duc.

Puis il se leva, ouvrit une petite porte qui se trouvait derrière sa chaise et se mit sur le côté pour laisser passer quelqu'un dans la chambre.

Et très lentement, la tête en l'air, arriva Miss Macpherson. Rob sentit son cœur battre à tout rompre, puis il devint froid comme de la glace, car il savait, qu'elle veuille lui faire du mal ou non, que sa tante le reconnaîtrait forcément.

Strange s'avança à sa rencontre.

« Maîtresse Macpherson, dit-il, vous vous souvenez de moi ?

"Oui," répondit-elle sèchement, "Je vous connais bien, même si nous nous sommes rencontrés pour la dernière fois dans des circonstances plus honorables."

"Hélas!" il sourit, "le devoir est un maître dur".

Le duc fit irruption.

"Madame," cria-t-il, "est-ce que ce garçon vous est connu ou hoche la tête ?"

"Votre Altesse," répondit-elle en regardant Rob droit dans les yeux, "voici mon misérable neveu."

Avec un regard amer de mortification et de fureur, Rob leur tourna le dos.

"Es-tu en armes contre le trône ?" demanda le duc.

"Il était tout ça," répondit-elle sombrement, et Strange se frotta les mains avec joie. C'était au-delà de toute attente.

— Mais, madame, reprit le duc, vous savez que vot zis veut dire. Il était visiblement intrigué par son calme.

"Les cous jetés sont trop courants à l'heure actuelle pour être négligés", répondit-elle sèchement.

Il hocha la tête, la comprenant vaguement.

"Zen dere hoche la tête, il y a encore quelque chose à dire", remarqua-t-il, et il dit quelque chose à l'oreille de Strange, qui toucha Rob sur l'épaule et le conduisit à sa cellule, où il fut laissé à ses propres pensées lugubres.

De retour, Strange supplia Miss Macpherson de s'asseoir et murmura de nouveau à l'oreille du duc, qui hochait la tête de temps en temps et souriait d'un air endormi.

"Comme tu veux, Strange", dit-il en se levant et en se retirant.

"Maintenant, Miss Macpherson," commença Strange lorsqu'ils furent seuls, "je savais que je pouvais compter sur vous pour mettre même les prétentions de relation de côté, quand il s'agissait d'une question de loyauté."

« Allez, mon homme, » dit-elle avec impatience ; "Je ne suis pas ici pour écouter les sentiments patriotiques."

"Exactement. Voilà comment les choses se présentent. Rob est reconnu coupable de rebelle, et il n'y a qu'une seule solution à cela. Nous avons convenu dès le début qu'il était destiné à finir rapidement. Mais il est jeune, Miss Macpherson, et le vôtre. sang."

"Pas de sang de ma part," dit-elle sèchement. "Ce que ma pauvre sœur a fait ne me concerne pas."

"En tout cas, cela ne serait pas bien pour vous d'avoir conduit à la mort de ce garçon."

Les lèvres de Miss Macpherson se sont serrées, mais elle n'a rien dit.

"Et il existe des moyens. Toute cette agitation autour d'un garçon n'est pas conforme à la raison, et encore moins à la procédure habituelle du duc. Mais Rob sait certaines choses que Son Altesse est prête à entendre en échange de sa vie. Plus que cela, il traitera généreusement avec lui.

"Ce que les choses?" » demanda brièvement Miss Macpherson.

"Où se cache Lovat, par exemple. Et, remarquez-le, cela ne fera finalement aucune différence. Dans quinze jours, nous traverserons l'extrémité supérieure du Loch Arkaig, où nous entendons dire qu'il est caché. Mais nous n'en sommes pas sûrs, et un mot de Rob nous aiderait. Ce n'est pas vraiment une trahison, Miss Macpherson, n'est-ce pas ?

"Je n'ai jamais eu de tête légale", répondit-elle avec un visage totalement inexpressif.

Strange se leva et fit deux fois le tour de la pièce.

« Persuadez Rob d'agir raisonnablement, poursuivit-il, et vous aurez sa gratitude ultime, et, qui plus est, celle du duc également. Nous aiderez-vous ?

"Je vais voir Rob," répondit-elle.

"Merci..."

"Mais seulement à deux conditions."

"Oui?"

"Que je le vois seul, et qu'il a une bonne semaine pour y réfléchir."

Strange hésita.

« Votre première condition est bien sûr simple, répondit-il, mais la seconde est plus difficile. » Et il sortit précipitamment de la pièce.

Au bout d'une minute ou deux, il revint,

« Le duc est d'accord, dit-il ; "et maintenant, s'il te plaît, suis-moi."

Ils traversèrent le couloir et montèrent les escaliers. Puis, ouvrant la porte de la cellule de Rob, Strange l'inclina et, la fermant, tourna la clé. Rob était allongé face contre terre sur le lit ; il ne relevait jamais la tête lorsqu'elle entrait, alors elle s'arrêta et écouta par le trou de la serrure jusqu'à ce que les pas disparaissent.

Puis « Rob », appela-t-elle et tomba à genoux près du lit.

Il leva le visage et la regarda avec une colère maussade.

"Qu'est-ce que tu veux avec moi?" Il a demandé.

Mais pour répondre, elle posa le doigt sur ses lèvres et sortit de sa poche une lime et un pistolet.

"Cachez-les", murmura-t-elle. Lorsqu'il l'avait fait, en rêve, et qu'il tournait la tête, un rouleau de corde gisait par terre, et sa tante reboutonnait son manteau.

"Prends-le, Rob", dit-elle. "Réveille-toi, mon garçon."

Soudain, l'espoir lui monta aux yeux. D'un bond, il quitta le lit et la corde se retrouva sous le foin sur lequel il gisait.

"Oh, ma tante," dit-il, "je n'ai pas compris."

"Tuts," répondit-elle. "Maintenant, écoute, Rob, car il y a beaucoup de choses à saisir. Yon Muckle John est venu me voir hier soir et m'a envoyé ici avec les choses que tu as. Il a également envoyé cette lettre," et elle fouilla un instant dans sa poche, et lui tendit un bout de papier.

" Lisez-le petit à petit, " dit-elle, " mais écoutez d'abord ici. Ils ne vous pendront pas avant une semaine - c'est sûr comme la mort, et c'est ce vieux Lovat qu'ils recherchent. Ils fouilleront le haut du Loch Arkaig dans " "

"Non", dit Rob, "cela, je ne pouvais pas le faire. Supposons qu'il soit trop malade pour s'échapper, ou que le message s'égare ?"

"Alors, Rob, il y a Muckle John, et il a un moyen, dit-il, même si je ne peux pas y croire moi-même. Mais la lettre de lui vous le montrera."

Rob sortit le papier et le lut en silence. Il courut:

"CHER ROB, - Lorsque vous entendez un coup de sifflet tel que vous l'entendez, faites ce que je vous dis. Filez à travers les barreaux de votre fenêtre et vos chaînes si vous en avez et descendez dans la cour extérieure où se trouvera une charrette avec du foin. Quand l'aube se lèvera, la charrette partira mais elle ne sera pas recherchée pour des raisons que je ne dirai pas. Si vous avez quelque chose à me confier en cas d'accident, donnez-le à Maîtresse Macpherson, qui est notre bonne amie.

Ce fut la dernière phrase qui fit monter le sang aux joues de Rob.

« Savez-vous pourquoi Muckle John est si inquiet pour ma sécurité ? il a demandé à sa tante.

"Non," répondit-elle avec un froncement de sourcils troublé, "même si je lui ai demandé."

"Est-ce qu'il a répondu?"

"Pas lui, mais il a été malmené."

Rob s'approcha de la fenêtre et posa sa tête sur son bras. Un profond découragement s'était soudain abattu sur lui. Que Muckle John ne s'intéressait qu'au plan supposé du trésor ne paraissait que trop évident. C'est pour y parvenir qu'il a comploté et planifié. Sa propre sécurité et sa vie n'étaient que des bagatelles en comparaison. Ennemis à l'intérieur et ennemis à l'extérieur, et tous s'affrontaient autour d'un plan qui n'existait pas.

Une détermination soudaine lui vint.

Tirant un crayon de sa poche, il prit la lettre de Muckle John, arracha la partie qui contenait la référence au trésor et écrivit au dos :

"C'est pour vous dire que ce que vous cherchez est tombé entre les mains du duc."

Puis, le pliant, il le tendit à sa tante.

"Donnez ça à Muckle John", dit-il.

Miss Macpherson scruta attentivement son visage.

"Rob," demanda-t-elle, "vous ferez ce que la lettre vous dit ? Ce n'est pas une position enviable pour une femme des Highlands, Rob, et j'ai pris pour acquis qu'aucune fausse fierté ne vous empêcherait de réussir votre évasion."

"Je n'ai pas refusé", a-t-il répondu.

Un air de soulagement apparut sur son visage.

"Alors au revoir," dit-elle avec une chaleur inhabituelle.

Pendant un moment, ils restèrent main dans la main, puis elle frappa à la porte verrouillée et attendit que Strange vienne.

Lorsqu'elle retomba, elle disparut de notre vue sans un regard en arrière.

Pendant longtemps, Rob arpentait la pièce.

Mais tout à coup il s'arrêta et, poussant un cri aigu, se précipita à mi-chemin vers la porte. Cria-t-il longtemps en frappant du poing sur le bois. C'était trop tard.

Le fait que Lovat soit découvert s'était imposé à lui tout à coup, et il allait de soi qu'il serait considéré comme son traître. Pour l'instant, par son propre orgueil insensé, il avait gâché la seule chance de sauver le vieil homme, en refusant l'aide de Muckle John.

CHAPITRE XIV

MUCKLE JOHN MONTRE SA MAIN

Miss Macpherson, disant au revoir au capitaine Strange et l'informant de l'obstination actuelle de Rob, mais lui ordonnant de ne pas désespérer, franchit les portes du portier et tourna la tête de son cheval vers le nord. Après avoir parcouru environ six milles tranquillement, elle attira sa bête et, descendant de cheval, la conduisit dans un petit taillis à flanc de colline.

Tout autour d'elle s'étendaient les étendues sans vie de bruyère et de rochers gris. Près d'elle gargouillait un petit ruisseau qui traversait les arbres et descendait la lande vacante rouge vin. Derrière elle, la pente austère et ouverte du brae, autour d'elle le groupe de collines solitaires, et aucun bruit.

Le bruit le plus doux, comme le bruissement d'une feuille d'automne, lui faisait tourner la tête. À quelques mètres d'elle, la regardant attentivement, se tenait Muckle John. D'où il venait et comment il était venu, elle n'essayait pas de le deviner.

"Eh bien," dit-il, "et comment se passe la journée de Maîtresse Macpherson ?"

"Bien."

"Et les petites affaires ?"

"Est terminé."

"Bien!" dit-il en souriant avec beaucoup de bonne humeur.

"J'ai remis votre lettre à Rob."

"Et est-ce qu'il a compris ce que je voulais dire ?"

"Il a dit que je devais vous remercier et vous donner ce morceau de papier qu'il a arraché de votre message."

Sa bouche se serra soudainement. Un léger froncement de sourcils plissa son front et ses yeux se tournèrent rapidement vers elle, puis vers le papier qu'elle tenait à la main.

Soudain, comme si une peur sans nom l'avait saisi, il lui lança un regard noir et lui arracha l'objet des mains. Puis, lui tournant le dos, il le lut d'un coup d'œil, et, le jetant par terre, se précipita dans un torrent de gaélique, le visage profondément écarlate de fureur. Son sang-froid avait disparu. A sa place se trouvait le tempérament flamboyant des Highlands. Les mots sortaient de ses lèvres, ses yeux brillaient d'une rage impuissante, tout son corps tremblait de passion.

« Êtes-vous malade, monsieur ? s'écria Miss Macpherson, craignant qu'il ne devienne fou.

Mais il se contenta de grogner contre elle. Puis, se balançant, il se mit à aller et venir entre les arbres, en marmonnant à voix basse, les mains serrées et le menton sur la poitrine. Après une douzaine de tours de cette façon, il parut se souvenir de sa présence et, s'arrêtant un peu en dessous d'elle, il leva vers elle ses yeux brillants.

« Madame, dit-il d'un ton tremblant et dur, je donnerais tout ce que je possède pour que vous et votre précieux neveu n'ayez jamais vu le jour. Oh ! c'est trop ! Il s'interrompit en donnant des coups de pied sauvages dans une touffe d'herbe.

"Mais, monsieur..." interrompit-elle, pour une fois considérablement alarmée.

"Ne me monsieur!" » s'est exclamé Muckle John, en la prenant dans ses bras. "Mais vas-y et laisse-moi ne plus jamais revoir ton visage !"

"Mais Rob ?"

"Le ninny rusé ! Le gowk au visage lactosérique et ingrat ! Qu'il soit pendu pour son austérité ! Il a fait de moi un joli imbécile, madame ; et aucun homme ni garçon non plus ne vivra pour me jeter ça dans les dents."

Avec la force d'une terreur soudaine, elle lui saisit le bras.

« De quel genre de discours s'agit-il ? elle a pleuré. "N'ai-je pas fait ma part et envoyé Rob à mi-chemin de sa mort afin que vous puissiez le récupérer ? Oh, j'ai dit que vous n'étiez pas un honnête homme !"

"Honnête?" » lança-t-il avec un rire amer. "Oh, vous avez raison. Dieu me préserve d'être traité d'"honnête", je ne suis pas commerçant, madame."

"Vous étiez suffisamment inquiet pour la sécurité de Rob la nuit dernière."

Muckle John cessa de jeter un regard noir sur la vallée en dessous d'eux.

"La sécurité du garçon est en jeu", rétorqua-t-il. "Pensez-vous que je me soucie de ça?"

"Je me suis rendu compte que vous aviez promis", répondit Miss Macpherson.

"Promis ! Quelles sont les promesses entre vous et moi ?"

"Alors Rob doit être laissé à son sort ?"

"Non."

"Que veux-tu dire?"

Muckle John se tourna et rejeta ses épaules en arrière.

« Vous n'avez pas encore appris, » dit-il avec raideur, « que le serment d'un gentleman des Highlands ne peut jamais être rompu. J'ai juré sur le poignard que je le ramènerais sain et sauf de prison, et je le ferai.

Une fois de plus, il parut sur le point de tomber dans un nouvel accès de fureur ; mais elle le combattit et désigna plutôt son cheval.

"Aller!" il pleure. "Et pas un mot de ça sinon je t'attacherai à ton propre arbre de toit, et non, je suis désolé d'avoir cette excuse."

« Pitié pour moi ! murmura Miss Macpherson et se dirigea vers sa bête.

Puis, en montant, elle l'envoya à travers la bruyère vers la piste.

Une centaine de mètres plus bas, elle se retourna. Mais le petit groupe d'arbres était vide de vie. Muckle John avait disparu comme s'il n'avait jamais existé. Avec une peur soudaine lui serrant le cœur, elle enfonça ses talons dans les côtes du cheval et se lança dans un galop décousu.

Le même matin où Miss Macpherson poussait sa monture vers Inverness, dans une grotte au sommet d'une montagne sauvage et désolée, trois hommes étaient assis en train de jouer aux cartes. Ils étaient tous vêtus du costume des Highlands et armés jusqu'aux dents – des hommes maigres et basanés, brûlés par le soleil jusqu'à ce qu'ils soient d'un noir-rouge profond – assis, silencieux comme des statues, les yeux fixés sur le gibier. À côté de l'un d'eux se trouvaient une poignée de pièces d'or. Près de l'entrée de la grotte, couché sur le ventre, se trouvait un garçon d'une quinzaine d'années qui surveillait le flanc de la colline.

Soudain, il prononça un mot bas en gaélique, et aussitôt mais dans le même silence grave, les hommes terminèrent leur jeu, et ramassant les cartes, on les glissa dans son sporran.

Un instant plus tard, l'entrée de la grotte s'assombrit et l'énorme forme de Muckle John remplit l'entrée. Il fit un signe de tête à chacun d'eux tandis qu'ils le saluaient, et leur faisant signe de s'asseoir, il resta longtemps allongé, se mordant la lèvre et regardant le sol d'un air sombre. Ils ne semblaient pas étrangers à un tel comportement car ils se rassemblèrent dans le coin le plus éloigné et l'homme avec les cartes dans son sporran les sortit de nouveau et, les distribuant, le jeu continua comme avant. Une heure s'était écoulée et Muckle John n'avait dit aucun mot, n'avait fait aucun signe. Soudain, cependant, un lent sourire commença à se glisser dans ses yeux et à adoucir les coins de sa bouche. Une expression drôle apparut sur son visage et disparut.

Puis, sortant un morceau de papier propre de sa poche et un crayon, il étudia l'écriture de Rob pendant une profonde pause et commença à écrire en imitant fidèlement ce qui suit :

" Ceci pour vous dire que le trésor est découvert, et que s'il n'est pas mis en lieu sûr, tout sera perdu. On peut faire confiance au porteur de cette lettre. Venez me voir dans un endroit que cet homme vous montrera, car le prince est avec moi et a besoin de vous et d'un peu d'or.

Il l'adressa au Dr Archibald Cameron dans les Braes de Lochaber, et se tournant vers le cercle accroupi dans le coin, il appela l'un d'eux, Donald Grant par son nom, et l'instruisit pendant quelque temps d'une voix très sérieuse.

« Écoutez, Donald, » dit-il, « et qu'il n'y ait pas de gâchis, car je n'ai pas envie de parler doucement si quelque chose ne va pas. À Lochaber repose un gentleman du nom d'Archibald Cameron, un frère de Lochiel. en train de rôder avec Murray de Broughton. J'ai entendu tellement de choses depuis deux jours. Donnez-lui ce papier et gardez une langue lente, mais s'il insiste, dites que vous avez été envoyé par un garçon – un garçon Fraser roux aux yeux bleus, et que c'est peut-être lui. les mots me dérangent : « il y a un muirfowl pris au piège. » Amenez-le avec vous et gardez-le sous bonne garde jusqu'à mon retour. Mais avant de faire cela, donnez cette deuxième bande de tartan à John Murray de Broughton et dites-lui de la remettre à Lord Lovat en guise d'avertissement de la part de quelqu'un qu'il connaît bien. "

A ces mots, il renvoya l'homme, qui se glissa par l'entrée et partit d'un lent trot infatigable vers le sud.

De la même manière active et magistrale, il convoqua le reste du groupe et s'adressa rapidement à eux en gaélique.

"Maintenant," dit-il enfin, "tout est clair ? Evan Grant, qui est dans les écuries de Fort Augustus, veillera à ce que la charrette soit prête. Quand la confusion sera à son comble, il montera le cheval. Vous, Donald Chisholm conduira les chevaux sous le rempart pendant la nuit et veillez à ce qu'ils ne hennissent pas à l'aube. Là, je vous rejoindrai au chant du coq et un garçon avec moi servira notre objectif. Il ressemble à un autre moi. Je sais comment tromper une meute de tuniques rouges. Si quelque chose tourne mal, dirigez-vous vers les collines et relâchez les bêtes, comme je le sais, conduisez-les dans les tourbières et dispersez-vous.

Ils hochèrent tous la tête.

"Ce jour-là, donc, car j'ai autre chose à faire d'ici là. Maintenant, partez, mais laissez le garçon là-bas pour surveiller le vallon."

Ils sortirent silencieusement de l'entrée de la grotte et se perdirent parmi les rochers voisins.

Puis, s'enveloppant dans son pardessus, Muckle John sortit le roseau de sa poche et commença à jouer une chanson de Skye que les rameurs chantent pour garder la mesure. Mais bientôt il en eut assez de cela et joua une vieille plainte des Highlands aussi pleine de tristesse que le creux des collines enneigées. Il l'a joué d'une manière déchirante avec un œil sur le garçon dans la bouche de la grotte, qui était un Macpherson et se déplaçait facilement. Et quand il vit les larmes couler sur ses joues brunes, il ne put s'empêcher d'avaler à son tour, en partie par sympathie mais surtout à cause de son propre jeu grandiose.

Nous étions maintenant au mois de mai et Rob gisait toujours dans sa cellule. Au cours des dix derniers jours, toutes les tortures raffinées avaient été utilisées pour briser son silence. Affamé, battu, menacé, il maintint un front de pierre, jusqu'à ce que Strange, désespéré, l'abandonne à lui-même pendant deux jours entiers. C'est le matin du troisième jour qu'il revint, et Rob vit à l'exaltation dans ses yeux que quelque chose s'était passé. Il ne pouvait que deviner que cela signifiait un autre désastre pour les Jacobites traqués.

"Lève-toi, chien!" il pleure; "Et écoutez les nouvelles. Que vous a valu votre silence, à votre avis ? Il a fait de vous un traître, Maître Rob Fraser - un nom que votre clan insultera pour toujours. Ho, ho, ho ! Pensez-y maintenant... c'est de la gloire pour toi ! Je donnerais vingt guinées pour entendre ce que dit Lovat quand il apprend qu'il a été trahi par..."

"Arrêt!" s'écria Rob, pourquoi devrait-il croire un tel mensonge ?

"Parce que nous devrons le lui dire. Sinon, il pourrait deviner qui raconte réellement des secrets, Rob, et cela gâcherait tout."

Avec un gémissement lugubre, le garçon se couvrit le visage de ses mains.

"Pourquoi ne me tues-tu pas maintenant ?" » demanda-t-il d'une voix désespérée.

"Vous tuer?" » répéta Strange. "Homme vivant, cela n'aurait aucun sens ! C'est juste parce que nous ne te pendrons pas que les gens sauront exactement pourquoi. Non, non, Rob. Tu vivras comme un coq de combat, que cela te plaise ou non. Non."

"Il vous faudra plus que vous pour trouver Lord Lovat", éclata Rob.

Strange secoua joyeusement la tête.

"Dois-je murmurer où il se cache?" il a dit. « Il y a une île au pied d'Arkaig, appelée Moror, n'est-ce pas ? et il trembla d'un rire silencieux.

À ce moment-là, le sol sous les pieds de Rob semblait danser de haut en bas, et un grand désespoir le rendait sourd à tout ce que Strange disait – sourd à la fermeture de la porte – au silence maussade qui s'installait à nouveau dans sa solitude.

Lorsqu'il ouvrit les yeux, le soleil se couchait et il était seul. L'amertume de la situation l'a complètement stupéfié. Comment nier qu'il était devenu informateur, surtout quand la rumeur courait que c'était pour lui sauver la vie. Il pensait qu'il avait apprécié son cou ; mais maintenant il savait qu'il existait des choses infiniment pires que la mort. Que ne donnerait-il pas maintenant pour avoir attiré Muckle John et ainsi conquérir sa liberté en prétendant qu'il avait le plan ?

Et tandis qu'il réfléchissait profondément, du crépuscule, comme le chant d'un oiseau tombant dans le silence, vint la douce musique d'un chanteur. Avec un cri, il se leva et écouta.

De nouveau, cela lui parvint – une fine mesure de mélodie nostalgique, le signe de Muckle John.

Reprenant son bonnet, il l'agita par la fenêtre étroite, et alors le sifflet retentit pour la dernière fois au loin et s'éteignit au vent. Muckle John était prêt. Rob sortit précipitamment la lime et le pistolet et les posa sur le sol. Il y avait peu de chances que quelqu'un lui rende visite cette nuit-là. Il avait huit heures devant lui pour défiler à travers les barreaux de sa cellule et se cacher, juste avant l'aube, sur la charrette de foin en contrebas. Il avait déjà presque traversé ses chaînes, dissimulant les marques avec de la boue grattée sur le sol humide de sa cellule.

Mais en cas de visite surprise, il laissait ses chaînes et s'appuyait sur les barreaux rouillés de la fenêtre, grattant et râpant jusqu'à ce que ses doigts commencent à se peler et à saigner, et que ses bras lui fassent mal de lassitude. À minuit, une barre a été limée et déposée à l'intérieur de la cellule. Faible et étourdi par le manque de nourriture et d'exercice, il fut obligé de se reposer pendant une demi-heure, puis, rampant en arrière, il attaqua la barre transversale ; et deux heures plus tard, il l'avait découpé, et le gros du travail était fait. Il ne lui fallut que quelques minutes pour se libérer de ses chaînes.

Puis, déroulant la corde, il attacha une extrémité au fragment de barre de fer resté dans le battant de la fenêtre et, la déroulant doucement, il la laissa couler le long du mur gris et rugueux.

Tout était très calme et sombre. Aucun son ne lui parvenait d'en bas. Au loin, sur la garde extérieure, il surprit le pas sourd de la sentinelle qui marchait de long en large dans l'obscurité hivernale.

Le moment était venu. Glissant son pistolet autour de sa taille, Rob se fraya un chemin, les jambes en avant, à travers la fenêtre ouverte, et enroulant ses pieds autour de la corde, il la saisit avec ses mains et commença à glisser lentement vers le bas.

Il descendit, descendit ; il passa devant des pièces où tout était sombre, écorchant ses genoux sur les arêtes vives de la pierre, se cognant et se balançant, mais se rapprochant du sol à chaque mètre, et avec le souffle de l'air doux de la nuit sur sa joue.

Et ainsi enfin, sans mésaventure, il atteignit la cour intérieure et chercha autour de lui la charrette de foin.

L'aube n'était pas loin maintenant, et il se faufila à travers les lieux en tâtonnant, ne voyant que vaguement et craignant qu'il n'y ait pas de charrette du tout.

Mais enfin, à une dizaine de mètres, sa main toucha une roue. Avec un soupir de soulagement, il passa ses doigts dans de douces mèches de foin au-dessus de sa tête. Puis, remontant, il se faufila sous un paquet de toiles de cheval et attendit le matin.

La charrette était apparemment déchargée et était prête à quitter le fort. Heureusement pour Rob, les vêtements étaient lourds, et les museaux et autres articles des chevaux suffisaient à dissimuler entièrement sa présence. Mais comment Muckle John pouvait-il espérer détourner les soupçons d'un lieu de dissimulation aussi évident, il ne pouvait l'imaginer.

Très progressivement, les lumières grises et vacillantes d'un autre jour brillèrent au-dessus du fort, et toujours il n'y eut aucun son d'alarme, aucun signe de Muckle John.

Or, le côté du fort où se trouvait la cellule de Rob n'était pas très fréquenté jusqu'au grand jour, la sentinelle venant rarement aussi loin – un élément que Muckle John connaissait bien. En face de cette partie, la colline montait vers un terrain accidenté, offrant une vue dégagée depuis les murs.

Ce n'est qu'à sept heures, car la matinée était sombre et froide, qu'un homme traversant la cour intérieure pour abreuver les chevaux aperçut la corde qui pendait le long du mur et, avec un cri frénétique, fit courir la sentinelle vers lui. .

"Le prisonnier s'est évadé !" » a crié le gars.

Avec un cri de réponse, la sentinelle s'enfuit en courant. Un instant plus tard, un clairon sonna l'appel aux armes. Le fracas des mousquets, les voix rauques, les ordres, les questions, les pas courants – toute l'agitation caractéristique d'une alarme soudaine – atteignirent Rob dans sa cachette et le firent se demander si Muckle John n'avait pas réussi à lui faire confiance, ou s'il avait rêvé qu'il entendait le bruit. roseau.

Car sa position était précaire. Il s'était échappé pour le moment ; mais il était comme un rat dans un piège, incapable d'avancer ou d'avancer.

La voix de Strange interrompit ses pensées anxieuses.

"Gardez les portes !" il a commandé. "Venez avec moi, les hommes, et fouillez la cellule." Dans les escaliers, ils trépignèrent et leurs pas s'éteignirent.

Rob les imaginait en train de démolir les marches de pierre menant à sa cellule. Il pouvait presque voir Strange regarder à travers la fenêtre aux barreaux limés.

Soudain, il l'entendit crier bien au-dessus de lui, comme si sa tête était projetée par la fenêtre :

"Le voilà ! Le voilà !" Cela lui envoya un frisson dans ses membres.

Mais personne ne s'est approché du chariot.

Au lieu de cela, l'excitation devint encore plus intense et la cour autour de la charrette se remplit de soldats pressés. Sur les murs extérieurs, il entendait des tirs de mousquets et des cris : « Et voilà ! comme s'ils visaient les hommes sur la colline. Tout cela était très déroutant et mystérieux.

Muckle John tentait-il un sauvetage par la force des armes ? Rob resta immobile, puis sa perplexité fut apaisée, car il entendit une voix qu'il connaissait bien appeler depuis une fenêtre à vingt pieds au-dessus de lui :

« C'est ça, Strange ? et Strange, malgré sa hâte, répondit :

"Le prisonnier, Rob Fraser, Votre Altesse, monte la colline avec un autre homme."

"Alors après lui, Strange !" rugit le duc. "Dix livres à l'homme qui l'attrapera. Ouvrez les portes, je le ferai moi-même!"

Avec un bruit sourd, les portes s'ouvrirent. Les soldats passèrent au galop, Strange en tête. Quelques instants plus tard, des soldats gravissaient le flanc de la colline : tout le fort était désert pour un tel parcours d'obstacle. Dix livres semblaient à la portée de beaucoup ce jour-là.

A peine le dernier soldat s'était-il enfui qu'un homme traversa rapidement la cour, conduisant un lourd cheval. Avec des mains rapides, il l'attela au chariot et, se balançant sur le côté avec ses pieds sur Rob, il se dirigea vers les portes.

Un soldat solitaire le défia avec un large sourire.

"Pas de rebelles dans ce chariot ?" dit-il en regardant par-dessus.

L'homme dans la charrette rit de bon cœur.

"Il était plus qu'un adversaire pour toi", répondit-il.

"C'est vrai", approuva le soldat. "Mais la façon dont n'importe qui peut sortir de ce fort me bat. Quelqu'un aura l'air idiot à cause de ça."

"Soyez heureux que ce ne soit pas vous", répondit l'homme dans la charrette.

"Moi?" s'écria l'autre, car ils étaient maintenant à vingt mètres de la route. "Il y aurait peu de rebelles perdus si j'en disais un mot."

"Je peux le voir", a crié l'homme dans la charrette.

Ils passèrent ainsi le long de la lande, hors de vue du fort.

Une demi-heure plus tard, ils rencontrèrent les soldats qui revenaient.

"Tu ne l'as pas eu ?" » demanda l'homme dans la charrette.

Un sergent s'arrêta pendant que les autres continuaient leur chemin.

"Non; ils ont laissé leurs chevaux et se sont dirigés vers les rochers."

« Où sont les dragons ?

"Conduis dans une tourbière, et toujours là."

Puis, secouant la tête, le soldat suivit sa compagnie.

Longtemps après, Rob a rejeté les tapis et s'est assis en clignant des yeux au soleil.

"Eh bien, Rob", dit l'homme dans la charrette, mais avec peu de chaleur.

C'était Muckle John !

CHAPITRE XV

"UN COLLÉ À MUIRFOWL"

L'homme que Muckle John avait envoyé courir depuis l'entrée de la grotte vers le sud atteignit le nord de Lochaber et, s'arrêtant sous un rocher, attendit l'aube.

Très lentement, la nuit hivernale commença à devenir plus grise. Un vent froid agitait la barbe du guetteur sous le rocher. Du flanc de la colline, un chien-renard aboyait et, au fil de la nuit, un cerf se déplaçait comme une ombre sur le brae et restait un instant à regarder en arrière, se découpant sur l'horizon.

Et l'homme attendait toujours, observant la trace au-dessous de lui. Il devait être environ sept heures, et le soleil à peine levé, que, dans le vallon, deux hommes marchaient très rapidement et ne se parlaient pas. Au premier plan se trouvait un homme petit, solidement bâti, au visage rond et sympathique et aux yeux bleus perspicaces. Environ quatre pas derrière, une silhouette cadavérique et brisée boitait et chancelait, lourdement enveloppée et pourtant toussant lamentablement dans l'air morne des Highlands, et appuyant son poids sur un bâton.

Tout au long du vallon, ils n'échangèrent jamais un mot ; mais un jour l'homme qui ouvrait la marche s'arrêta et, sortant une gourde de sa poche, la tendit à son compagnon, qui la releva et se mit alors à tousser encore plus fort qu'auparavant.

Le messager de Muckle John, blotti sous le rocher, les accueillit avec un long regard pénétrant, mais aucune expression de surprise, de triomphe ou de soulagement ne traversa son visage. Il les regardait, comme il avait regardé le cerf, avec des yeux froids et impénétrables.

Ils arrivèrent à travers les brumes suspendues, et lorsqu'ils furent arrivés au niveau de son lieu de cachette, il poussa un cri désespéré, semblable à celui que fait le whaup lorsqu'il tombe sur une lande déserte. Instantanément, le petit homme qui marchait devant s'arrêta dans sa foulée et envoya ses yeux balayer l'horizon au-dessus de sa tête. Mais il n'y avait rien de grave. Puis, se retournant, il dit un mot à son compagnon, qui se contenta de secouer la tête avec lassitude, comme si tous les whaups d'Écosse avaient pu crier d'une voix rauque à cause de tout ce qui l'intéressait.

Bientôt, l'homme sous le rocher siffla très doucement.

"Je vous entends, monsieur", dit le petit garçon, parlant en gaélique mais ne levant jamais la tête ; "et qui pourrais-tu être là, comme un renard sur sa terre ?"

"C'est Archibald Cameron que je veux", répondit le messager de Muckle John.

À ce moment-là, le grand homme cadavérique parut s'agiter et commença à parler d'un ton bas et inquiet à son compagnon, qui l'interrompit cependant avec peu de courtoisie.

"Qu'est-ce que vous voulez?" s'écria-t-il en tournant la tête vers la colline. "Je m'appelle Archibald Cameron, et maintenant votre nom, monsieur, et vos affaires ?"

« Voulez-vous monter, docteur Cameron ? Vous me trouverez sous le rocher rond, à dix pas du brûlage.

« Viens », dit Cameron à l'homme qui l'accompagnait ; "il y a peut-être des nouvelles du Prince."

"Pas de nouvelles", soupira l'autre, "mieux vaut qu'une mauvaise nouvelle".

Puis ils se dirigèrent vers le flanc de la colline et atteignirent l'endroit caché et s'y glissèrent.

C'était un trou d'environ six pieds sur huit et trois pieds de haut, et avec une odeur nauséabonde de repaire de renard.

"Un petit coin tranquille", a déclaré Cameron à son compagnon, en passant au large écossais. "Que faisons-nous, Broughton, n'avions-nous pas d'endroits aussi sordides que celui-ci ?" En disant cela, il bâilla et regarda l'autre avec malice. "Mec," dit-il avec des yeux pétillants, "tu ferais un bel épouvantail."

"Oh, c'est fait !" » s'écria Murray de Broughton (car c'était lui) d'une voix aiguë et maussade. "A quoi peuvent nous servir des coins et recoins aussi crasseux ? Je suis sur le point de mourir", gémit-il encore et il se mit à tousser, les mains agrippées à ses côtés. Déjà le secrétaire du prince, de santé brisée, hanté par la crainte constante que le chevalier qu'il aimait sincèrement ne soit enlevé, opprimé aussi par son propre danger, se rapprochait de jour en jour de sa disgrâce, poussé en avant par la faiblesse du corps et de l'esprit. ce qui peut faire de n'importe quel homme un lâche face à la mort.

Son visage était tiré par la maladie et l'anxiété. Dans ses yeux pâles et hantés brillait une terreur sans sommeil. Murray avait toute la loyauté, mais aucune de la témérité imprudente du véritable aventurier.

Pendant ce temps, Cameron avait sorti du tabac de sa poche.

« Une pipe, dit-il, je dois l'avoir, même si tous les habits rouges des électeurs devaient s'asseoir autour de cet endroit et renifler la chère odeur sur leurs visages rouges.

Puis, soufflant un nuage de fumée qui fit tousser le pauvre Murray, il se tourna brusquement vers le messager de Muckle John, disant en gaélique :

« Comprenez-vous l'écossais ? Car notre ami ici présent, dont vous connaissez probablement bien le nom, n'a pas de gaélique, pauvre créature !

L'homme acquiesça.

"Quel est ton nom?" » demanda Cameron.

"Je m'appelle Donald Grant et je viens de Glenmoriston", a déclaré l'autre.

« Une subvention », renifla Cameron ; "Eh bien, nous ne pouvons pas tous être des Cameron."

Il releva les jambes et s'assit, les coudes sur les genoux.

"Quelles sont tes nouvelles ?" Il a demandé. "Est-ce du Prince ?"

"En partie... et en partie non."

"C'est une réponse courageuse", a lancé Cameron. "C'est un peu bizarre, peut-être, et peut-être non. Vous êtes complètement confidentiels, Grants."

« J'ai une lettre, dit-il, d'un homme que vous connaissez bien : Rob Fraser.

"Rob Fraser ! Je ne connais pas ce nom. Oh, attends un peu ! Vous voulez dire un garçon ?"

Grant hocha la tête.

"C'est pareil," répondit-il.

Cameron aspiré un nuage de tabac et l'a envoyé flotter en anneaux au-dessus de sa tête.

"Tu es un joli garçon", murmura-t-il, puis il jeta un œil sur l'autre. "Où est la lettre ?"

Grant le sortit soigneusement de son bas.

Cameron a lu :

" Ceci pour vous dire que le trésor est découvert, et que s'il n'est pas mis en lieu sûr, tout sera perdu. On peut faire confiance au porteur de cette lettre. Venez me voir dans un endroit que cet homme vous montrera, car le Prince est avec moi et a besoin de vous et d'un peu d'or.

« Humph ! » grogna Cameron. Puis il se remit à le relire, en pesant chaque mot. Une fois, il regarda le messager pendant très longtemps, mais les partisans de Muckle John furent choisis avec soin. L'expression du visage barbu de Grant ne montrait aucune émotion.

Bientôt, éliminant les cendres de sa pipe, il pinça les lèvres et, tendant la lettre à Murray, fronça les sourcils et tira une oreille, fredonnant et gardant la mesure avec son pied - l'image même d'un homme voulant parcourir tous les chemins en même temps. et en même temps.

"Cela semble assez authentique", dit-il à contrecœur à l'oreille de Murray, "mais je n'ai aucune connaissance des écrits du garçon."

"Qui est Rob Fraser ?" » demanda Murray les yeux fermés.

"J'avais presque oublié moi-même, mais il a été utile cette nuit-là sur les rives d'Arkaig. Peut-être que vous comprenez ce que je veux dire ?" En disant cela, il fit un clin d'œil et regarda l'autre d'un air significatif.

"Alors, que sait-il de l'endroit où se trouvent ces choses ?" murmura Murray.

"À peu près autant que la truite dans le feu, ce qui n'est peut-être pas si peu après tout." Et encore une fois, il fit un clin d'œil et rit.

« Veux-tu y aller, Archie ?

"Je ne peux pas simplement le dire. Cela ressemble à un piège inhabituel, et pourtant..." Il s'interrompit brusquement et s'adressa à l'homme Grant.

"Comment est ce garçon ?" » demanda-t-il brusquement.

"Il est petit et ouvert, et porte le tartan Fraser. Il est brun et parle bien le gaélique."

"C'est bien Rob. Où était-il depuis qu'il a quitté Lochaber ?"

"Il a été capturé et déposé à Fort Augustus, mais il s'est échappé et se trouve maintenant sur le chemin de Glenmoriston."

"Glenmoriston est loin", a déclaré Cameron. "Est-ce qu'il n'a envoyé aucun mot à part ça ?"

"Il a dit : 'Il y a un muirfowl pris au piège', même si je n'ai pas compris ce qu'il voulait dire."

"Il a dit que?" » dit Cameron d'une voix aiguë. Puis se tournant vers Murray, il lui saisit le bras. « Vous entendez ça ? » il pleure. "C'est bien Rob, et le Prince avec lui." Il reprit la lettre. "De l'or", répéta-t-il, et le froncement de sourcils revint. "Non," dit-il dans un souffle, "je ne prendrai pas d'or. Il me semble flairer une trahison dans le mot or. Quel besoin le prince a-t-il d'un tel besoin ? C'est quelque chose de plus substantiel dont il aura besoin. Murray", dit-il dans un souffle. "Combien avez-vous sur vous?"

« Cent louis d'or, nae mair, dit-il. "Mais prends-le, Archie, laisse-m'en seulement dix pour mes principaux besoins."

Les pièces changèrent à nouveau de mains et Cameron s'adressa à nouveau à Grant.

"Quelles autres nouvelles apportez-vous ?" Il a demandé.

"On dit," répondit Grant, "que les soldats se dirigent vers le sud."

Il se remit à fouiller dans sa chemise et en sortit un morceau de tartan – un fragment emmêlé et taché de la taille d'une main d'homme.

" Quelqu'un qui restera anonyme ", dit-il, " m'a ordonné de donner ceci à Murray de Broughton, le suppliant de le remettre entre les mains de Lovat. "

"C'est un avertissement", haleta Cameron, "il dit qu'ils se dirigent vers le sud".

Murray n'a montré aucun goût pour l'entreprise.

"Je n'ai aucune envie de parler avec Lovat", répondit-il, "je suis le dernier homme à qui il accepterait un tel message."

"Tuts, Broughton", dit Cameron avec impatience, "dans un moment comme celui-ci, les malentendus privés sont hors de question - vous pouvez le sauver de l'échafaud."

"Je le ferais", rétorqua Murray avec aigreur, "je pourrais l'y amener. Mais donnez-moi les ordures, je veillerai à ce qu'il les reçoive, même si ce n'est pas bien, je les recevrai."

"Vous le jugez mal, mec, il est austère mais il est vieux. Cet homme ici l'a rapporté du Prince, peut-être, qui d'autre ?" il se tourna vers le messager de Muckle John, "tu es un Jacobite, je suppose ?" Il a demandé.

L'homme secoua la tête.

"Je suis un Jacobite en ce qui concerne ma propre race", répondit-il, ce à quoi Cameron le regarda sérieusement et semblait quelque peu méfiant et incertain de ce qu'il devait penser de lui.

Puis se tournant vers Murray, il l'entraîna hors de la maison, et ils s'étendirent à environ une douzaine de pas au milieu de la bruyère.

"Tu sais ce que ça veut dire, Murray ?" il a dit. "Il y a quelqu'un qui doit avertir Lovat. C'est le prince qui a envoyé un message. Au moins, vous pouvez le dire à Lovat, cela réconfortera le vieil homme. S'il était pris, les Highlands perdraient courage. Faites-le porter de nuit, à la manière de Badenoch. Pourrait-il Si, dans la cage de Cluny, il serait aussi bien au chaud qu'un rat dans un trou, et ce n'est pas une mauvaise comparaison, hein ?

"Je vais y aller", a déclaré Murray, regardant avec des yeux fatigués à travers le vallon.

"Je ne suis pas amoureux de ce type ici", poursuivit Cameron en regardant par-dessus son épaule, "et pourtant, que puis-je demander de plus ? Il porte les mots stupides que j'ai donnés à Rob juste pour l'impressionner et l'envoyer comme un lièvre. hors d'Arkaig - il nous met en garde contre Lovat. Oh, John, que pouvez-vous en faire ?

Pendant longtemps, l'autre continua à regarder le vide. Puis tournant lentement la tête, il laissa ses yeux tragiques se poser sur Cameron.

"Je sais que ce n'est pas un vrai homme", dit-il sombrement, "mais comment je le sais, je ne peux pas vous le dire. Et pourtant, ce n'est pas un homme du gouvernement, j'en suis sûr. Alors j'y renonce !" Son ton tomba dans le silence et, soupirant lourdement, il inspira pour tousser.

"Alors j'y vais", dit brusquement Cameron. « Au revoir, John ; surveillez un navire français et prévenez quand il arrivera. »

Alors, se serrant la main, ils se séparèrent sans un mot, pour ne plus jamais se revoir.

Le soleil était levé et le vallon était clair et sans vie lorsque Cameron et Grant commencèrent leur pénible voyage vers le nord. La dernière fois qu'ils virent Murray, c'était sa forme penchée, rampant sur le sommet de la colline d'en face, appuyée lourdement sur son bâton, comme un corbeau blessé boitant avec les ailes brisées.

Après le projet futile de poursuivre la guerre – qui, comme tout le monde le sait, n'avait abouti qu'au rassemblement de quelques centaines d'hommes (pas de Frasers) – toute autre résistance avait pris fin, et Lord Lovat, qui n'avait jamais eu l'intention de céder quoi que ce soit. démonstration personnelle de déloyauté, est retourné sur son île du Loch Morar.

Un jour de printemps à la fin du mois de mai, alors que la campagne était lumineuse avec la promesse de fleurs et que les oiseaux chantaient sur chaque arbre, Murray de Broughton lui rendit visite et, à l'intérieur de la cabane où il attendait des nouvelles d'un navire français, lui remit le fatidique morceau de tartan – le deuxième avertissement de Muckle John.

Lovat était allongé sur le sol, le dos appuyé au même coffre-fort que Rob avait emporté de Gortuleg House, mal rasé et échevelé de privation et de détresse, et pas très content de voir son visiteur.

Des quatre côtés de l'île, un Fraser montait la garde et surveillait le rivage ; une douzaine d'autres étaient assis autour de la cabane, tandis que sur les collines environnantes autour de Morar, il y en avait d'autres qui espionnaient les vallons en contrebas, attentifs à l'approche fortuite des soldats.

Lovat, qui se flattait de deviner la mission de n'importe qui, salua Murray d'un air lointain et lui fit signe de s'asseoir sur un tabouret. Il prit lui-même une pincée de tabac à priser, mais ne parut pas disposé à montrer la même hospitalité à son invité.

"Je pensais que tu étais en France à présent", dit-il enfin. "Il vaudrait mieux pour nous tous que vous puissiez vous tenir à l'écart du gouvernement."

"Je ne comprends pas ce que veut dire Votre Seigneurie", répondit Murray en rougissant. "En tout cas, je n'ai eu aucun rapport avec le gouvernement."

"Mais ce même gouvernement aimerait bien avoir des relations avec vous, mon homme, et en supposant qu'il l'ait fait, en supposant qu'il l'ait fait..."

Il le regarda attentivement, puis posa un doigt sur l'autre d'une manière très typique.

« C'était une mauvaise affaire, » dit-il, « et si je n'avais pas eu des moments d'adoration, je n'aurais jamais eu l'air d'y avoir sympathisé, Murray. Mais que pouvait faire un vieil homme ? Je n'avais aucun pouvoir, aucune influence. a été abandonné par le Lord-Président, un homme en qui j'avais confiance comme un frère. C'était une attaque cruelle contre la couronne, Murray, et vous savez ce que les hommes peuvent faire pour réparer le mal que nous devrions faire, même si cela va à l'encontre. le grain."

Murray écouta d'abord sans beaucoup de compréhension, puis avec un soupçon croissant de trahison dans l'air. Il se rendit compte que Lovat était plus que jamais prêt à retourner son manteau.

"Non, non", s'écria-t-il, "je ne suis pas là pour ça."

Lovat, qui n'avait jamais imaginé qu'il était là dans un autre but, le regardait avec son mépris habituel.

" Alors vous êtes encore plus fou, " dit-il d'une voix rauque, " que je ne vous croyais. Qu'avez-vous à gagner par votre silence ? C'est le dernier soulèvement des Stuarts. Il n'y aura plus que l'anglais et la langue anglaise. " . Cela me rend malade de voir un homme crier contre ce qui doit être. »

Murray secoua la tête et se leva.

"Je suis venu", dit-il simplement, "à mon gré, pour vous rendre un service. Voici un gage que je doute que vous connaissiez bien et je vous souhaite donc au revoir", et il tendit à Lovat le morceau de tartan qu'il s'apprêtait à quitter. Mais avec un étrange cri rauque, le vieil homme se releva péniblement. Il était hors de lui de rage.

Murray, trop étonné pour bouger, hésita dans l'embrasure de la porte, et Lovat, attrapant un bâton, l'abattit avant qu'il puisse lever le bras pour se défendre ou éviter les coups. En effet, il gisait comme abasourdi par l'horreur ou trop brisé de corps pour se protéger.

Il y eut un bruit de pas à l'extérieur et une douzaine d'hommes empêchèrent le Fraser de le blesser davantage. Au bout d'un moment, il se releva et quitta la cabane pour rejoindre son bateau. Son visage était blanc comme la mort, mais dans ses yeux creux de fièvre et de privation brillait comme un feu secret une haine et une colère si folles que le batelier le tirant sur le lac silencieux le surveilla de près jusqu'à ce qu'ils atteignirent le rivage. Pendant une minute ou deux, il ne bougea pas, mais il resta accroupi, les yeux fixés sur le chemin qu'ils avaient parcouru, puis tâtonnant avec ses mains jusqu'à ce qu'il atteigne la plage, les paya sans poser de questions et ne dit aucun mot sur le rivage et hors de la plage. leur vue – un homme depuis longtemps brisé en santé pour la cause et plein d'amertume au cœur, mais maintenant enflammé d'une haine personnelle éternelle.

CHAPITRE XVI

LA GROTTE DE GLENMORISTON

"Muckle John", dit Rob, alors que le chariot s'arrêtait, et son compagnon avait gardé la bouche serrée pendant une bonne demi-heure après ses derniers mots brefs, "Muckle John, pourquoi m'as-tu sauvé ?"

"Pourquoi en effet ?" » répondit-il assez sévèrement.

Agissant sur une impulsion soudaine, Rob sauta par-dessus le côté de la charrette sur le talus d'herbe à côté et commença à marcher dans la direction dans laquelle ils étaient venus.

"Où vas-tu?" s'écria Muckle John, surpris pour une fois.

Rob fit une pause et parla par-dessus son épaule.

"Ce n'est pas moi qui prends vos faveurs, ni celles de qui que ce soit", a-t-il déclaré. « Je sais très bien pourquoi tu voulais me protéger ; et maintenant que tu as perdu ce que tu cherchais, je ne suis plus pour toi qu'un œuf de peewit. Sur ce, il repartit vers Fort Augustus.

« Arrête, Rob ! » cria Muckle John. "Qu'est-ce qui t'a pris ?" et jetant ses jambes par-dessus le côté de la charrette, il se mit à courir à sa poursuite.

"Rob!" il pleura encore et le rejoignit.

"Bien?"

"Qu'est-ce qui t'a pris ?" Il a demandé.

" Voudriez-vous vous pendre juste pour me contrarier ? Ce qui est fait est fait, Rob ; et je ne suis peut-être pas le saint pour lequel vous m'avez pris. Mais je le ferai pour vous sauver, et c'est la pure vérité. "

"Laissez-moi passer !" s'écria Rob, et il fit un pas à sa droite.

"Très bien," répondit-il sombrement, "mais venez, vous le voudrez", et l'attrapant dans ses bras énormes, il le jeta brusquement à terre et lui attacha les poignets. Se battre comme Rob le ferait, cela ne lui servit à rien, et finalement, les mains liées ensemble et une pointe de poignard dans les côtes, il dut marcher dans la direction souhaitée par Muckle John.

Pendant une heure entière, ils marchèrent ainsi, laissant la charrette se débrouiller toute seule.

Puis il parla enfin.

"Arrêt!" dit-il en tendant les poignets. "J'en ai assez de ça."

"Brawly parlé!" dit Muckle John, et il coupa les lanières.

"Où," demanda Rob, "m'emmènes-tu, car j'ai des affaires importantes dans le sud ?"

"Qu'est-ce que ça pourrait être ?"

"C'est l'avertissement de Lord Lovat."

" C'est déjà fait ; j'ai envoyé un homme depuis deux jours. "

« Suis-je donc votre prisonnier ?

Son ravisseur éclata de rire.

"Juste un visiteur, Rob," répondit-il, "et rien de plus."

De cette manière, ils voyageèrent vers le nord, traversant des vallons sauvages et désolés et des ravins noirs, escaladant des collines escarpées, en voyant peu sur la route, et davantage dans la bruyère. Plusieurs fois dans la nuit, ils aperçurent les feux de camp des Anglais, mais Muckle John semblait aussi familier avec le pays, même dans l'obscurité noire. Pendant la journée, ils se cachaient dans quelque recoin des rochers, ou se dissimulaient sur la crête d'une colline, surveillant les environs à la recherche de troupes en mouvement.

La nuit approchait, deux jours après l'évasion de Rob de Fort Augustus, lorsqu'ils entrèrent dans un petit vallon escarpé, enfermé par des rochers escarpés et déchiquetés, tandis qu'à travers son parcours tortueux, une brûlure tambourinait sur un ton mélancolique. Aucun endroit plus triste n'avait jamais rencontré l'œil de Rob. Déserté même par les aigles, il aurait pu être une demeure de morts.

Maintenant, à côté de la brûlure, un pin brisé se dressait sur le ciel du soir, et tandis que de telles pensées horribles traversaient l'esprit de Rob, il leva les yeux, et un cri vint et mourut inexprimé sur ses lèvres. Car sur une branche solitaire de la taille d'un homme de bruyère, une tête humaine était plantée, dont les cheveux flottaient encore au vent ; tandis qu'en dessous pendait l'uniforme délavé d'un soldat anglais.

"Regarder!" s'écria Rob.

Mais Muckle John hocha simplement la tête distraitement.

"Ils sont aussi communs que les baies par ici", répondit-il.

"Par ici?" répéta Rob. "Alors à qui appartient cette terre ?"

Pour répondre, Muckle John sauta sur un rocher et, les mains creuses autour de la bouche, envoya un appel clair et pénétrant. Du haut de la colline, une réponse arriva aussi vite qu'un écho.

"Certains l'appellent", dit-il, "le pays de Muckle John".

Avant que Rob ait pu répondre, plusieurs Highlanders dévalèrent la colline en courant et saluèrent son compagnon avec tous les signes de respect et de plaisir, qu'il prit tout naturellement.

Puis, passant plus loin, ils arrivèrent à un défilé étroit avec un homme de garde à l'entrée, et continuant leur chemin, atteignirent l'ouverture d'une grotte.

Dans le terrain abrité qui s'étendait devant la grotte, trois hommes étaient occupés autour d'un feu, et l'odeur de la cuisine flottait en nuage autour de leurs formes penchées.

"Rob", dit Muckle John en lui laissant passer, "veux-tu entrer, car si je ne me trompe pas, il y en a quelqu'un qui sera ravi de vous voir."

Sans un mot, mais impatient de savoir à qui Muckle John pouvait faire référence, Rob entra dans la grotte. L'espace d'un instant, l'obscurité des lieux lui fit croire qu'il était seul. Puis tout à coup il distingua la forme d'un homme étendu sur le sol ; et avec une vive peur, il s'agenouilla et reconnut Archibald Cameron, pieds et poings liés.

Il a fallu à Rob quelques coups avec son skian dhu et Cameron s'est libéré de ses liens.

S'asseyant, il gémit et observa Rob avec un sourire fantaisiste.

"C'est une manière étrange d'hospitalité", dit-il. "Si vous aviez mentionné le nom du monsieur que vous serviez, j'aurais pris l'allusion gentiment."

"Je sers?" interrompit Rob, "Je ne comprends pas."

Cameron haussa cyniquement les épaules.

"Peut-être que vous ne vous souvenez pas de la lettre", dit-il très poliment, "peut-être que vous n'êtes pas Rob Fraser ?"

"Dr Cameron", répondit Rob, "ce n'est pas le moment de se disputer. Je ne connais aucune lettre et je suis prisonnier comme vous. Nous sommes tous les deux entre les mains de Muckle John."

"Muckle John ! Alors c'est comme ça que le vent souffle, hein ? Oh, je commence à voir. Pauvre Rob, tu es toujours le bouc émissaire. Muckle John, en effet !"

"Vous le connaissez ?"

Cameron renifla.

"Qu'est-ce qui ne le fait pas ?" dit-il, il y en a peu entre ici et Rome qui n'aient pas entendu parler de Muckle John.

"Alors est-il Hanovrien ?"

"Il est comme un cerf-volant qui plane au-dessus des querelles des autres."

"Alors que nous veut-il ?"

"Argent."

"J'en ai peu."

"Toi, Rob ? Oh non !" Et il sourit comme si cette idée le chatouillait.

Très perplexe, Rob se tut et Muckle John lui-même entra dans les lieux.

Il était en costume Highland et fit une grande apparence de surprise en apercevant Cameron, ce qui ne s'accordait pas avec l'accueil que lui fit ce malheureux gentleman. Puis se retournant, il tapa Rob sur l'épaule et leur ordonna de s'asseoir tous les deux.

« C'est une mauvaise hospitalité », dit-il en gaélique ; "Mais ce sont des temps tristes, Dr Cameron. Les vieux militants comme nous savent que les rations sont minces quand on va à la bruyère."

" Venez, monsieur, " répondit Cameron, toujours debout et répondant en écossais, " qu'est-ce que vous voulez ? Je sais que vous allez bien, et bien vous le savez. Ce n'est pas pour le plaisir de ma compagnie que vos coupe-gorges m'ont amené ici. Mais je vous préviens, il y aura un compte à rebours pour cela. Il y aura une belle fin pour vous, monsieur, quand cela sera connu à Lochaber. »

"Lochaber", ricana Muckle John. "Bien qu'il y ait une pièce de Guinée enterrée à Lochaber, ni vous ni le Prince lui-même n'élèveriez un Cameron à ses côtés."

"Des mots brutaux pour un homme sans nom", s'écria Cameron amèrement, mais le cou très rouge. "Écoute, Rob, car peut-être que tu n'entendras plus jamais ça."

"Je ne suis pas un homme sans nom !" rugit Muckle John ; "et bien tu le sais."

Cameron sourit doucement.

"Alors plus votre clan est narquois, même si je ne me souviens pas seulement du tartan", dit-il.

À cela, Muckle John, rejetant son tabouret en arrière, se leva d'un bond et cria un nom qu'aucun homme de Lochaber ne peut entendre en silence.

Un instant en effet, Cameron parut sur le point de se jeter sur lui ; puis se retenant avec effort, il parla d'un ton très poli :

« Vous comprendrez, dit-il, que je n'ai pas d'épée.

Mais maintenant que la chose était dite, Muckle John paraissait très bouleversé et désireux d'arranger les choses. Il haussa les épaules et tripota la broche de son plaid.

« Tuts, Dr Cameron ! » il a dit. "J'ai parlé chaleureusement."

Mais Cameron se contenta de froncer les sourcils et de secouer la tête.

"Je n'ai pas d'épée", répéta-t-il.

Il n'y avait aucun doute sur sa signification. Avec un haussement d'épaules, Muckle John se tourna et quitta la grotte.

"Ne le combattez pas, docteur", interrompit Rob. "C'est une pure folie. Oh, comment avez-vous pu tomber dans un tel piège ? C'est pour vous tuer qu'il vous a entraîné."

"Rob", répondit Cameron, "tu es trop jeune pour comprendre les manières d'un gentleman des Highlands."

"Mais vous êtes sûrement plus au service du Prince..."

"Whist, mon garçon ! Dinna haver. Vous avez entendu quel mot il a utilisé. Le nom d'un homme signifie plus que tout un clan de princes."

Après cela, il n'y avait plus rien à dire.

La porte s'assombrit à nouveau et Muckle John entra avec deux claymores et des targes.

« Il fait plus clair dehors, docteur Cameron », dit-il, comme s'ils étaient sur le point de discuter d'un combat amical ensemble.

"Comme vous le voudrez", répondit Cameron avec sérénité, et il s'inclina devant lui pour qu'il prenne les devants. Mais Muckle John s'inclina encore plus bas et, la tête très haute, Cameron passa.

Un endroit plat d'environ dix pieds carrés se trouvait devant la grotte, et regroupés sur un rebord au-dessus, affalés et assis, une douzaine de Highlanders en haillons, qui ne manifestaient aucune sorte d'intérêt pour la rencontre imminente.

Cameron balança sa lame une ou deux fois et testa l'acier sur le sol. La cible qu'il a jetée de côté. Puis, ôtant leurs manteaux, ils retroussèrent leurs manches et se saluèrent. Voyant que la chose était irréparable, Rob s'assit très tristement sur un monticule et se demanda comment tout cela finirait. Le ciel gris et désolé, le silence de la solitude totale, le groupe de Highlanders sales et impassibles, et au-dessus et sur eux tout le bruit de la pluie fine des collines, lui faisaient couler le cœur comme du plomb.

Et dans la grisaille lasse de tout cela, deux hommes sur le point de se battre à mort pour une parole précipitée. C'était une situation typiquement Highland.

Cameron, silhouette aussi robuste qu'on pouvait souhaiter, montait la garde, le pied droit devant, le bras gauche derrière le dos.

Muckle John lui faisait face, ses longs cheveux dénoués autour du cou, ses vastes avant-bras nus, parfaitement immobiles, une figure d'une force colossale.

Soudain, il y eut une légère bagarre et des pas dans l'entrée.

"Dr Cameron—Dr Cameron!" dit une voix basse, avec la douceur ronde d'un accent étranger.

Ils regardèrent tous vers le passage étroit qui menait de la vallée en contrebas, et Rob se leva d'un bond à cette vue. Car se tenant là, vêtu de vêtements délavés et en lambeaux, maigre et harcelé, mais avec un sourire aux lèvres, se trouvait le prince Charlie.

CHAPITRE XVII

LA DÉTENUE DU PASS

Il était très différent de la figure vaillante des jours d'Inverness et d'Édimbourg. Des semaines d'errance dans le pays le plus sauvage des Highlands avaient fait ressortir ses qualités les plus fines et les plus admirables. Les difficultés, cette étrange épreuve de l'homme, l'avaient rendu bien plus cher et plus romantique qu'il ne l'avait jamais été. Il n'y avait plus aucune jalousie à l'égard des favoris irlandais, ni aucune crainte de l'influence anglaise lorsque St. James's serait atteint, tout cela avait disparu pour ne jamais revenir. Il y avait à la place un prince vêtu d'un kilt en lambeaux et d'une chemise sale, pieds nus et avec un fusil à la main, un pistolet et un poignard à ses côtés - un homme tout comme eux et jeté par la dureté du destin sur leur loyauté et leur fidélité. secours.

Voilà un prince en effet, capable de marcher, de tirer et de dire un mot joyeux à la fin de la journée. S'ils avaient su ce qu'il y avait en lui un an auparavant, qui peut le dire, mais les Highlands seraient devenus un homme.

Pour Rob, il était merveilleux, simplement parce qu'il était humain et en détresse. Même pour Muckle John, étrange mélange de contradictions qu'il était, il y avait dans la silhouette harcelée à l'entrée de la grotte un appel émotionnel comme le rythme d'une vieille chanson. Un jour, il savait qu'il composerait une mélodie pour son chanteur bien-aimé. La simple idée de cela lui serra la gorge.

Pendant ce temps, le prince les avait examinés partout de ses yeux vifs et francs.

« Messieurs, » dit-il d'une voix complètement épuisée, « je vous demande pardon d'avoir interrompu votre sport ; mais je suis, comme vous le voyez, un fugitif et aux abois. Il est bon de vous retrouver, docteur Cameron, de manière si inattendue. , car j'ai cruellement besoin de vos conseils en ce moment.

Puis, se tournant vers Muckle John, il le regarda de haut en bas.

"Il me semble me souvenir de votre visage, monsieur", dit-il. "Si c'est votre pays, puis-je revendiquer les droits de l'hospitalité des Highlands ?"

"Votre Altesse..." éclata Cameron. Mais il secoua la tête.

« Pas de prince aujourd'hui, dit-il, mais seulement un homme traqué, plus soucieux de son prochain repas que de la couronne d'Angleterre elle-même.

En sursaut, Muckle John s'avança et s'agenouilla à ses pieds.

« Votre Altesse, » dit-il, « je tiens ce pays de droit sur mon Claymore et sur les canons de mes hommes ; quel est mon nom n'est ni ici ni là-bas, et quelle est ma manière de vivre, vous pouvez peut-être le deviner. , et pourquoi ces deux messieurs sont ici, vous l'apprendrez de leurs propres lèvres. Mais il ne sera jamais dit que j'ai profité de la détresse de qui que ce soit, encore moins du triste sort de Votre Altesse Royale.

Cameron, qui s'était agité pendant ces remarques, intervint précipitamment avec un visage très rouge.

"Je ne peux pas imaginer à quoi vous faites référence, monsieur," dit-il en regardant Muckle John. "Personne n'a rien à apprendre de Rob et moi concernant quelqu'un qui est aussi fidèle au Prince que vous, monsieur."

"Monsieur," répondit Muckle John en s'inclinant gravement, "vous ne me trouverez pas oubliant de telles paroles."

Avant que quiconque puisse en dire davantage, le prince les interrompit et remercia Muckle John d'une voix brisée. Puis, prenant Cameron à part, il lui demanda dans combien de temps ils pourraient gagner leur chemin vers Badenoch, où il devait rencontrer Cluny Macpherson et avoir des nouvelles des navires français.

Cameron était sur le point de répondre, quand un cri venant de quelque part dans le vallon les fit tous deux s'arrêter et regarder vers la silhouette vigilante de Muckle John.

Quelque chose semblait avoir transformé son corps en pierre. Rob, qui était le plus proche de lui, se dirigea rapidement vers le judas dominant la vallée et contempla la pente rocheuse.

Pendant un instant, il ne détecta rien ; puis, avec un hoquet d'horreur, il observa de minuscules taches rouges courant comme des fourmis parmi les rochers, se rapprochant de plus en plus – des manteaux rouges suivaient la piste.

Une main lui toucha l'épaule.

"Pas un mot de ceci au prince", murmura Muckle John, "mais faites ce que je vous dis." Et il l'a emmené un peu plus loin.

"Maintenant, Rob," dit-il, "laissons de côté ce qui s'est passé dans le passé, et je ne pense guère à Muckle John. Je t'ai bien aimé, Rob, et quand tu as écrit cette lettre depuis le fort, j'aurais pu s'écria l'esprit stupide de la situation. Eh bien, Rob, voilà les Anglais, et nous voici ; et quelqu'un doit tenir ce passage si le prince veut gagner.

"Mais ne pouvons-nous pas courir pour cela ?"

"Il est trop fatigué pour ça, Rob, et en rase campagne, nous devrions être abattus comme des lièvres. Maintenant, partez avec vous tous, et emmenez Grant ici pour vous guider. Dirigez-vous vers le sud, et n'arrêtez pas de mettre les jambes à terre. pendant une heure. Après cela, je ne peux plus promettre. Se détournant, il fit signe à ses hommes et les plaça le long du flanc de la pente.

Rob a rejoint le prince et le Dr Cameron et a décrit la situation. Pendant longtemps, Charles fut déterminé à aider à la défense ; mais la connaissance qu'une telle décision scellerait probablement le sort de ses amis le persuada de fuir. Il n'y avait pas un moment à perdre.

LA TENUE DU PASS.

Accompagnés de l'homme Grant, et faisant un adieu précipité et mélancolique à Muckle John, ils dévalèrent précipitamment le flanc de la colline et disparurent.

Rob les laissa partir en silence. Le prince était en sécurité pour le moment, et avec lui Cameron et les clés du trésor. Pour lui, comme pour Muckle John, il n'y avait que danger, même s'ils s'imposaient dans la défense de la passe.

Bientôt, le premier coup de feu retentit et résonna dans le vallon désolé, et il se glissa vers l'endroit où Muckle John était assis avec un mousquet sur les genoux.

"Rob!" s'écria-t-il d'une voix moitié colère, moitié surprise.

"Je ne pouvais pas y aller", dit-il simplement.

Pendant un instant, Muckle John le regarda d'un air bizarre.

"Mec, Rob," dit-il enfin, "vous êtes un être rare. Mais qu'en est-il de Maîtresse Macpherson ? Promettez-moi que vous prendrez la fuite quand je vous le dirai et que vous irez droit à Inverness. Elle vous protégera jusqu'à ce que je vous le dise. des temps meilleurs. Promis, Rob.

"Je le promets", répondit-il.

L'instant d'après, les tirs commencèrent sérieusement.

Rob a compris la situation d'un coup d'œil. Il était très improbable que les soldats soient tombés sur eux par accident. Ils savaient très certainement que le Prince se cachait dans le creux de la colline. Encercler la place était impossible. Le seul moyen était de précipiter la défense et de remporter la passe d'assaut. La manière imprudente avec laquelle ils se sont exposés indiquait le prix qu'ils avaient en vue.

Alors qu'il regardait le vallon, allongé de tout son long sur un rocher à face lisse, quelque chose dans l'apparence d'un soldat se tenant un peu à l'écart le fit appeler Muckle John et le désigner.

Mais à ce moment précis, l'homme ôta son chapeau pour s'essuyer le front, et ils reconnurent les traits rusés du capitaine Strange.

"Les corbeaux se rassemblent", dit Muckle John de sa voix sombre, et en visant soigneusement, il lui tira dessus et envoya son chapeau voler de sa main.

"Un raté!" s'écria-t-il amèrement ; et, comme si le coup de canon était le signal de l'avance, les soldats commencèrent à se diriger rapidement vers eux.

Ce que Strange leur criait, Rob ne pouvait pas l'entendre ; mais probablement, ravis de l'occasion de capturer le prince et rivalisant les uns avec les autres pour gravir l'endroit escarpé, ils furent surpris de voir une douzaine d'entre eux criblés de balles avant d'être arrivés à moins de cent mètres du col.

Puis, se mettant à couvert, ils commencèrent à progresser vers le haut, tirant à mesure qu'ils arrivaient. C'était une affaire de cent contre une douzaine ; mais au bout d'une heure, les rochers étaient parsemés d'habits rouges silencieux, et la petite garnison résistait toujours. Deux Highlanders ont été tués et un blessé.

Le Prince avait eu sa chance. À moins qu'un malheur imprévu ne l'ait frappé, il était désormais en sécurité.

Appelant doucement ses hommes, Muckle John en dépêcha deux avec celui qui était blessé, réduisant ainsi ses forces à sept, et, allumant une pipe, il attendit calmement la prochaine attaque.

Cela s'est produit avec une précipitation sauvage et un incendie dévastateur dix minutes plus tard. Les Anglais avaient placé une douzaine de tireurs d'élite sur les flancs des collines pour commander le col, et sous la protection de leurs tirs, le reste commença à courir vers l'étroit défilé.

Une demi-douzaine tombèrent et continuèrent à avancer, et trois autres membres du petit groupe de défenseurs tombèrent sous la tempête des balles.

« Claymore ! » s'écria soudain Muckle John, et dégainant sa grande lame, il jeta son mousquet et chargea sur le premier des soldats qui avançaient.

S'élançant avec fraîcheur et rapidité, aidés par la pente, ils repoussèrent l'ennemi dans la confusion, le coupant comme du maïs sous la faux. Mais deux autres hommes furent perdus et la possession du col touchait à sa fin.

Le dernier à revenir sur ses pas dans le sentier étroit fut Muckle John, et alors même que Rob se tournait pour lui parler, un coup de feu retentit et une balle se logea dans sa cheville.

"Tout est fini maintenant, Rob," dit-il en regardant la blessure. "Je ne pourrais pas parcourir une centaine de mètres comme ça. Partez, mon garçon, et vous, Grant, et vous, Macpherson, partez avec vous. Je peux tenir la place pendant un certain temps." Avec l'aide de Macpherson, il attacha étroitement un morceau de sa chemise autour de sa cheville et s'appuya sur son autre jambe.

Tout était très calme dehors. De toute évidence, l'ennemi reprenait son souffle en vue du prochain et dernier assaut.

"Va-t'en," dit Muckle John.

Mais les deux hommes ne veulent pas le quitter. Ils se tenaient aux côtés de Rob, attendant sa fureur — et ils n'eurent pas à attendre longtemps.

" Grant, " cria-t-il, " qu'est-ce que c'est ? N'as-tu pas juré de m'obéir ? Et toi, Macpherson ? Oh, que je sois bafoué en face ! Va-t'en, ou je te tuerai avec ma propre épée ! "

Ils étaient désormais bien en vue des soldats, mais aucun coup de feu n'est tombé. Peut-être que la vue d'une bagarre à un tel moment était trop étonnante pour être manquée.

Évitant son regard, les deux Highlanders se séparèrent de leur chef furieux et parlèrent ensemble en gaélique.

"Y allez-vous?" » rugit Muckle John.

Ils hochèrent la tête et, le dépassant, descendirent le col en direction des soldats.

Même Muckle John a été surpris. Avec un cri aigu, il tenta de les arrêter, mais il était trop tard. Ils étaient à vingt mètres de là quand il s'engagea sur la piste.

Puis, s'appuyant lourdement sur la face lisse du rocher, il les observa avec des yeux nostalgiques, sans rien dire de plus.

"Adieu!" il pleura enfin ; et sortant son chantre, il commença à jouer la "Bataille des Clans", au cours de laquelle ils se retournèrent et le saluèrent, puis, balançant leurs claymores, se précipitèrent sur les soldats, et frappant à droite et à gauche, tombèrent parmi un tas de tués.

Dans la pause qui a suivi, Muckle John a changé la mélodie pour "Lament for the Children", qui est comme une mer de tristesse au clair de lune. Tout le vallon resta silencieux pendant un moment pendant qu'il jouait ; Dans une sorte de peur superstitieuse, les tuniques rouges attendaient, redoutant les collines noires et le paysage menaçant, mais redoutant surtout le joueur frappé là-haut. Ce fut le Capitaine Strange qui les sortit de leur panique.

Très prudemment, ils commencèrent à ramper vers le haut, et à cela, Muckle John rangea son sifflet et, se tournant vers son épée, vit Rob debout à côté de lui, une claymore nue à la main.

"Vous ici!" il pleure. "Je pensais que tu étais parti. Je rêvais que je le faisais, Rob. Cours, mon garçon, car la nuit est proche. Tu ne le feras pas ? Eh bien, eh bien, c'est un esprit rare que tu as, Rob, mais c'est comme trébucher. debout cette nuit", et il balaya le passage avec son épée.

"Gardez mes jambes, Rob, et quand j'en aurai marre de me tenir sur un pied, je m'appuierai contre le mur." Ainsi, dans l'obscurité de plus en plus profonde, sans plus de mots, ils attendirent l'attaque.

C'est arrivé très soudainement. Deux soldats se précipitèrent avec un cri sauvage dans le passage résonnant. L'un d'eux fut transpercé à l'instant par la pointe de l'épée de Muckle John ; l'autre se retourna et fut rattrapé dans le virage par une fente de Rob.

"Deux", dit doucement Muckle John, et il relâcha son poignard pour le court coup vers le haut. Un moment de pause, et quatre hommes s'avancèrent d'un pas prudent vers eux. Ils portaient des mousquets, mais ils ne les pointèrent pas de peur de toucher le prince, car c'était ainsi qu'ils prenaient pour la silhouette indistincte de Rob. Au lieu de cela, ils les ont matraqués et se sont préparés à briser la défense de leur jeu d'épée. À cela, cependant, Muckle John sortit un pistolet de sa ceinture et le déchargea au visage, à leur plus grande confusion. Un homme a crié et, les mains devant les yeux, s'est précipité vers le bas de la pente. Ses cris ont fait froid dans le cœur de Rob.

Puis soudain, ils chargeèrent la place, repoussant les hommes les plus en avant par l'arrière, et même la poussée et le coup rapides de Muckle John ne purent résister à cet assaut imprudent. En quelques minutes, le tas de morts et d'hommes tombés était jusqu'aux coudes dans cet endroit étroit.

La voix de Strange pressant les fragments de sa force leur parvenait maintenant. Mais seuls des murmures et des voix maussades suivirent, et avec un rire, Muckle John siffla une diatribe des Highlands – un air espiègle et moqueur, avec un monde d'insolence dedans.

Il apporta sa réponse, car alors même qu'il sifflait, un seul homme descendait le passage noir, ne gardant son rythme que lorsqu'il se trouvait à portée d'épée.

"Muckle John," dit-il doucement.

L'autre cessa de siffler.

"À votre service, Capitaine Strange," répondit-il, avec une légère note d'amusement dans la voix.

"Veux-tu en parler avec moi, Muckle John ?" continua Strange. "Que ce soit jusqu'à la mort, car ils ne me pardonneront jamais le travail de cette nuit."

"Oh!" s'écria Muckle John. "Voici un stratagème ! Pensaient-ils que quelqu'un comme vous pourrait m'emmener ?"

"Pas vous, mais celui que vous avez hébergé, Dieu seul sait pourquoi. Est-il toujours là ?"

"Il est parti il y a deux heures et plus. Vous devez fouiller Lochaber, Capitaine Strange. Je doute que vous ayez fait une telle confusion."

La lune dominait les collines, et une douce lumière grise descendit soudain des rochers et tomba sur le visage de Strange.

« Et vos hommes ? » demanda enfin Muckle John.

Strange eut un rire amer.

"Ils ne bougeront pas", dit-il, "et s'ils le font, Rob peut détenir la passe."

"Je ne suis pas un bourreau", a déclaré Muckle John, "et je n'ai qu'une jambe".

"Alors je dois dire que Muckle John était plus désinvolte avec sa langue qu'avec son épée. Mais je ne dirai pas Muckle John - je dirai..."

"Assez ! Laissons ce nom attendre son heure."

Pendant une minute, Muckle John resta silencieux, puis boitant vers le plat devant l'entrée de la grotte, il but une longue gorgée d'eau.

"Allez, monsieur," cria-t-il, "et vous, Rob, gardez le col."

Il salua Strange, qui avait jeté son manteau et retroussé ses manches, mais soudain il baissa son épée.

"Dois-je tomber", dit-il, "et Rob ici ?"

"Il sera libéré."

Sur ce, ils tombèrent, et le grincement de l'acier sur l'acier fut le seul bruit dans le sombre silence.

Muckle John, supportant son poids sur une jambe, déjoua les coups vicieux de son adversaire avec une endurance constante. Ce Strange était un escrimeur talentueux de l'école de rapière qu'il réalisa immédiatement. Il tenait pour acquis qu'il était également rusé et agile.

S'il avait été capable d'agir à l'offensive et d'apporter sa grande force à l'attaque, aucun jeu de rapière n'aurait pu repousser sa grande lame et son bras de fer, et pourtant la tension croissante sur sa cheville saine était déjà révélatrice. Il était comme un homme luttant contre le temps.

Avec une feinte, Strange se précipita vers son cou — seulement un scintillement d'acier froid, mais Muckle John était une fraction de seconde plus rapide, et son adversaire, récupérant, s'accroupit au clair de lune comme une panthère déjouée dans son bond.

Rob, pendant ce temps, s'était efforcé de surveiller le passage ; mais aucun signe d'attaque ne vint le mettre sur ses gardes, et rares étaient ceux qui auraient pu tourner le dos à cette lutte acharnée parmi les rochers gris qui surveillaient.

Pour l'instant, Strange avait changé de tactique et s'efforçait d'attirer Muckle John et de le faire perdre l'équilibre ; mais il y avait plus que cela, car, à l'approche de la lune, une ceinture de nuages noirs naviguait, et on peut faire beaucoup en étant aussi actif qu'un chat dans l'obscurité. Mais Muckle John était également conscient du nuage et quand il dérivait sur la lune, et qu'ils étaient plongés dans l'obscurité, il se tourna silencieusement vers sa droite et, s'agenouillant sur un genou, pointa son épée vers le haut, s'appuyant pendant ce temps sur son dague nu.

Que Strange attaquerait du côté de ses blessés afin d'assurer une expédition rapide était plus que probable. Ce n'était pas la première fois que Muckle John combattait dans l'obscurité noire. Un instant, un sifflement d'acier passa près de son oreille, et s'élançant vers le haut d'un mouvement du poignet, il sentit la lame rentrer chez lui, et un cri épouvantable brisa le silence.

Lentement, la lune sortit des nuages et répandit sa faible lumière sur l'espace ouvert entre les rochers.

Sur la surface lisse, Strange gisait, un bras tendu et l'autre serrant sa poitrine.

"Il s'est battu avec acharnement", a déclaré Muckle John en se relevant en chancelant. "Je doute de l'avoir tué."

Le blessé se mit à tousser, puis, sans prononcer un mot, il se détourna un peu d'eux et, avec un frisson, resta complètement immobile.

Pendant un moment, ils restèrent au-dessus de lui, puis Muckle John se tourna vers Rob.

« Venez, dit-il, car nous devons être loin d'ici avant l'aube.

Et ainsi ils quittèrent cet endroit terrible, avec toutes ses formes silencieuses à flanc de colline et cette silhouette solitaire blottie au clair de lune, Muckle John appuyé sur l'épaule de Rob, boitant vers l'ouest.

CHAPITRE XVIII

LE SIFFLET DE LA BANSHEE

Dans la grisaille de l'aube, Muckle John s'arrêta.

"Rob," dit-il, "voici le jour et seulement un mile parcouru depuis la nuit dernière. Vous savez ce que cela signifie ? Dans quelques heures, des renforts arriveront de Fort Augustus, ils trouveront le corps de Strange - que doit-il suivre alors ? ?"

Rob secoua la tête. La fuite semblait impossible.

"Et pourtant", dit Muckle John, "il doit y avoir un moyen - il y a toujours un moyen, Rob, si vous y réfléchissez. Il n'y a pas de prison qui ne puisse être brisée, aucun mur qui ne puisse être escaladé - avec de la chance et Je sais, Rob, car je ne l'ai pas fait à maintes reprises. Mais j'ai toujours eu de bonnes jambes. Regardons la situation, Rob. D'ici une heure ou deux, cette campagne le sera. Ils pensent que le Prince est par ici. Maintenant, je ne peux pas parcourir un demi-mille en ce temps-là, et il n'y a aucune couverture qui mérite d'être envisagée et le sol n'est pas non plus marécageux, sinon je pourrais me cacher jusqu'au nez. nuit. Mais il y a un moyen, Rob...."

Il s'arrêta et toucha très tendrement sa cheville, enroulant une bande de sa chemise autour de celle-ci.

" De l'autre côté de la colline, Rob, il y a un château en ruine, il en reste assez peu maintenant, bien sûr, mais il y a quatre murs, un tas de pierres sur le toit et un lieu de sépulture. "

"Un lieu de sépulture ?"

"Oui, mais il n'y a pas de mal à cela. Il y avait un chef des Macraes enterré là, c'était un homme très bizarre, dit-on, mais il y a longtemps que je n'ai pas regardé sa pierre. Personne ne s'en approche la nuit tombée, Rob , et attention, je n'en ai pas juste envie moi-même.

"Mais ils vont sûrement fouiller l'endroit ?"

"Rob", dit Muckle John d'un ton astucieux, "il y a des recherches et des recherches. Il y a un accord pour se cacher là où les gens ne vous cherchent pas."

Ils recommencèrent laborieusement, Muckle John s'appuyant sur l'épaule de Rob et se soutenant avec une béquille grossière taillée dans un arbre à flanc de colline. Juste au-delà de la butte, ils aperçurent les pierres grises de la vieille forteresse dont Muckle John avait parlé, un refuge assez pauvre selon toute apparence, et certainement peu susceptible d'être négligé par les soldats.

À l'intérieur des murs, l'herbe était longue et rêche et au milieu de l'herbe se dressait une dalle de granit sur quatre autres dalles, formant un mémorial carré très couvert de mousse et délabré, marquant le lieu de sépulture des Macrae.

En face, dans le mur, se trouvait une grande cheminée ouverte. À cela, Muckle John boitait et, regardant vers le haut, fit signe à Rob.

"Regardez ici," dit-il, "il y a à environ trois pieds de hauteur dans le mur un endroit assez grand pour qu'un petit homme puisse se cacher. Vous ne pouvez pas le voir pour une très bonne raison, mais c'est un bel endroit pour se cacher. Venez, Rob, sur mes épaules, il n'y a pas un instant à perdre.

"Mais et vous ?" » a demandé Rob.

"En haut", dit Muckle John, "je les vois au sommet de la colline."

"Non," dit Rob, "je n'irai pas avant..."

Mais il n'en avait plus le temps car Muckle John le tenait à la gorge et lui arrachait la vie.

"Je ne me dispute pas avec mes mots, espèce de fou de Fraser", grogna-t-il, "vas-y ou je te casse le cou."

Après cela, Rob n'était que trop prêt à se mettre hors de portée de ces terribles bras.

Dans la cheminée, comme l'avait dit Muckle John, il y avait un endroit très astucieusement creusé de manière à être invisible du bas, où un homme regardant vers le haut ne voyait qu'un carré de ciel et la maçonnerie brisée qui bordait le sommet.

Accroupi en deux, la tête sur les genoux, il écoutait un mot de Muckle John. Mais aucun n'est venu. Tout ce qu'il entendit, c'était un curieux remue-ménage et un bruit semblable à celui d'une porte qui se ferme.

Soudain, il sembla qu'il était à environ un mile de distance, un clairon retentit, et très faiblement l'écho d'un cri lui parvint.

À travers l'espace vide en contrebas, il entendit le vent crier et son chant dans les hautes herbes, mais de Muckle John pas un mot.

Sur la lande, il entendait le ruisseau tambouriner joyeusement sur les pierres. C'était un beau matin de printemps, plein de chants d'oiseaux, très difficile à associer à une mort subite et à un enfouissement rapide sous la bruyère. Ceux qui avaient rencontré les Anglais lors de leurs escapades dans les collines n'avaient que peu de raisons d'espérer une grâce et aucune la dignité d'un procès. Il valait mieux quitter la maison par la porte arrière et éviter les balles.

En ces temps lointains, un soldat anglais à cinquante mètres était relativement inoffensif.

Rob tendit les oreilles au moindre bruit de leur avance. Mais il n'y avait pas le moindre signe d'un danger imminent. D'après ce qu'il savait, ils parcouraient peut-être la campagne du Loch Ness. Ils pourraient être à quelques kilomètres d'ici. Il devenait déjà extrêmement raide. Il luttait contre la tentation grandissante de bouger une jambe de quelques centimètres. Il le fit avec beaucoup de prudence. Il réussit à faire du bruit, pas un grand bruit, certes, mais dans ce creux assez fort pour le glacer de peur. Mais rien ne se produisit, il n'y eut aucun murmure d'espions rouges rampant furtivement parmi les ruines, écoutant tout ce qu'ils pouvaient dire à moins d'un mètre de leur cachette.

Soudain, il entendit un bruissement dans l'herbe au-dessous de lui et un craquement semblable au bruit d'une botte. Il fut instantanément transpercé de terreur. Il est bien suffisant d'affronter la mort en plein air, même si ce n'est en aucun cas une affaire agréable, mais rester enfermé dans une cheminée sans pouvoir voir ce qui se passe au-dessus ou au-dessous est plus que ce que les nerfs humains peuvent tolérer. Il avait un désir tentant de jeter un coup d'œil par-dessus le bord, d'avoir un aperçu réconfortant de l'herbe verte en contrebas, de s'assurer qu'un soldat anglais au visage rouge ne regardait pas vers le haut ou ne fixait pas sa baïonnette pour la pousser à l'intérieur.

Mais il savait au fond de son cœur que s'il baissait les yeux, il verrait très sûrement ce qu'il redoutait le plus, et ainsi il resta immobile avec tous les os de son corps douloureux et une jambe picotant d'engourdissement comme si une vingtaine d'aiguilles la piquaient de chaque côté. côté.

Et toujours rien ne se passait, il n'y avait que les cris du vent sur les murs effondrés et le tambourinage incessant de l'eau du ruisseau sur la lande.

Il finit par tomber dans une sorte de somnolence lorsque le sang semblait cesser de circuler dans son corps, et un jour il se cogna la tête très douloureusement contre les arêtes vives de la crevasse, après avoir hoché la tête de fatigue. Ses yeux ne restèrent pas ouverts et une terrible lutte contre le sommeil commença. Il avait déjà subi un réveil brutal de la part des soldats à l'extérieur de la tente du capitaine Campbell, et il n'avait pas envie d'en subir un autre. Il commença à entendre des bruits dont il savait que dans son cœur n'existaient pas, ou s'ils existaient, ils étaient causés par des créatures sauvages ou des oiseaux s'installant un instant au-dessus de sa tête. Il se mit à regarder l'opposé de la cheminée, où il distinguait très vaguement les cailloux coincés dans le mortier et les grossières pierres taillées. Il les compta un moment pour se débarrasser de la baïonnette. Mais il voyait toujours sa pointe brillante et froide juste devant son visage. Il pouvait le voir maintenant. C'était sûrement une baïonnette ? Rob ferma très fort les yeux, puis les rouvrit. C'était toujours là. Qui plus est, il bougeait : il grattait la pierre à quelques centimètres de son pied. Il a vu un petit morceau soigneusement ébréché. En fait, il l'entendit résonner sur le sol vide en dessous.

Avec un choc aveuglant, il réalisa que c'était une baïonnette, qu'ils étaient arrivés, que dans le secret et le silence comme des fantômes, l'endroit était plein de soldats, depuis peut-être des heures. Le sommeil fut instantanément banni et la peur le rendit à nouveau alerte. Son seul espoir résidait dans le silence total. Une fois de plus, la baïonnette planait comme un serpent à quelques centimètres de ses genoux. Il savait que l'homme regardait vers le haut, vaguement méfiant, malgré le vide apparemment lisse de la cheminée. Il n'était pas satisfait. La baïonnette fit à nouveau le tour de la place. Un autre morceau s'est ébréché, cette fois un morceau plus gros. Pourquoi, se demanda Rob, le front en sueur, l'homme n'avait-il pas essayé l'autre côté ? C'était tout aussi probable là-bas. Le savait-il vraiment ? Était-ce un petit sport pour passer le temps ? C'était presque plus qu'il ne pouvait supporter.

Avec beaucoup de précaution, la baïonnette reprit sa course aveugle, et cette fois elle s'éloigna d'environ un huitième de pouce de son accent. La prochaine fois, ce serait sa chair nue. Soudain, la baïonnette disparut. L'homme, visiblement fatigué ou convaincu qu'il n'y avait aucun endroit caché dans la cheminée, baissa son fusil et tout redevint calme.

Rob était hésitant à soulager ses membres endoloris lorsqu'une odeur douce et particulière lui parvint. Il y avait quelqu'un qui fumait en bas, et qui plus était tout près de la cheminée pour faire monter le parfum dans le puits. Rob a examiné la question très attentivement. Il semblait possible que le soldat soit seul et totalement inconscient de sa présence. Un homme ne fumait pas en silence à moins d'être solitaire, et fumer était une récréation oisive qui n'était pas associée à un meurtre prémédité. Peut-être que l'homme était perdu ou fatigué. Peut-être (pensée la plus réconfortante de toutes) s'endormirait-il. Il se demandait comment il était assis, et s'il était appuyé contre la pierre de l'âtre, les yeux mi-clos et le sommet de la tête pas si loin en dessous de lui.

Avec la plus grande prudence, Rob se pencha en avant et regarda.

C'était exactement comme il l'avait imaginé. Dans la cheminée, un soldat était blotti à son aise, son chapeau par terre, le dos contre la dalle de pierre noircie, la pipe coincée en biais dans la bouche et ses cheveux décharnés et hérissés. Il somnolait. Alors même que Rob le regardait, la pipe dans sa bouche glissait sur son manteau, où elle reposait sur le côté avec une fine volute de fumée sortant du bol.

Rob réfléchit à la situation. Il était convaincu que l'homme était seul, mais il était probable qu'il avait été envoyé là-bas pour attendre l'équipe de recherche. L'état de cette région n'était guère de nature à encourager les soldats anglais solitaires à dormir à leur guise. L'horrible pin à moins d'un kilomètre ou deux de cet endroit même en était un rappel assez sinistre.

Rob était fortement enclin à lui tomber dessus pendant qu'il dormait, et à se fier à lui pour l'assommer ou à le harceler alors qu'il se débattait dans l'étroite cheminée. Ce n'était pas une époque douce. Dirking semblait une action très naturelle pour Rob. Il considérait le soldat au-dessous de lui comme un ennemi juré au-delà de toute pitié : un envahisseur et un meurtrier de son peuple. En aucune circonstance possible, Rob n'aurait pu considérer un Anglais avec sympathie ou admiration puisque pendant des siècles il avait été considéré comme un ennemi naturel, et maintenant comme un ennemi très acharné.

Mais s'il ne parvenait pas à tuer l'homme, alors le jeu était terminé, et même s'il réussissait dans son dessein, ils ne seraient pas beaucoup mieux lotis, Muckle John ne pourrait pas atteindre un lieu sûr, et un autre Anglais massacré ne ferait que montrer leur présence quasi totale dans le quartier et redoubler les énergies antérieures des soldats.

Et puis, comme pour régler l'affaire une fois pour toutes, un clairon sonna à proximité, le soldat se réveilla et se releva d'un coup, il y eut un bruit de marche sur la lande au dehors et le clapotement d'un cheval passant dans le brûlis. Rob a entendu un ordre donné et l'immobilisation des armes. Il écouta la lecture de l'appel et les paroles de licenciement.

Le court après-midi approchait et, avec horreur, il réalisa qu'ils campaient pour la nuit.

Dans la pièce ouverte en contrebas, il entendit entrer plusieurs hommes, et leur conversation parvint jusqu'à lui dans sa cachette. Il y avait peu de réconfort dans ce qu'ils disaient. D'après ce qu'il pouvait en juger, l'officier responsable interrogeait le soldat qui s'était endormi sous la cheminée.

« Vous n'avez vu personne, je suppose ? Il parlait avec un accent des Highlands.

"Non, monsieur, et j'ai fouillé l'endroit partout."

"Vous êtes allé dans la cheminée ?"

"Oui Monsieur."

« Vous avez regardé sous cette pierre tombale ?

"Non, monsieur, ce n'est pas possible de déplacer cela."

"Appelle deux des hommes, nous y veillerons bientôt."

Il y eut un moment de silence, puis un bruit de soulèvement.

"Je ne peux pas bouger, monsieur."

"Tiens, laisse-moi t'aider."

Rob eut soudain peur que Muckle John s'y soit réfugié – mais non, ce que quatre hommes ne pouvaient pas bouger, il était peu probable qu'il puisse le soulever avec sa cheville blessée.

« Sergent, dit l'officier, retournez à la grotte où a eu lieu hier le combat avec douze hommes, laissez-moi les quatre autres, nous passerons la nuit ici.

« Ici, monsieur… avec cette pierre ?

"Il faut plus qu'un Jacobite mort pour m'effrayer", répondit l'officier, et quelques minutes plus tard, Rob entendit le bruit des pieds s'éteindre à nouveau.

La nuit tombait rapidement et il se demandait ce que faisait Muckle John et où il était, si s'il se cachait dans la bruyère, il ferait un signe, ou s'il devait passer toute l'affreuse nuit enfermé comme un poulet dans un enclos.

Il devait avoir un peu somnolé lorsqu'un bruit curieux le fit sursauter et écouter avec les oreilles tendues. C'était un son assez familier – juste le crépitement aigu du bois de chauffage, mais il avait maintenant une signification horrible, car une bouffée de fumée s'enroulant sur son visage lui fit pleurer les yeux.

Ils avaient allumé un feu dans l'âtre en contrebas. La fine volute de fumée s'est transformée en une colonne tourbillonnant de manière instable vers le haut. C'est devenu un volume solide, étouffant et chaud. Avec un sanglot de douleur et de désespoir, Rob se couvrit le visage de son bonnet. Pendant quelques minutes, cela lui soulagea les yeux et le nez, mais le danger d'être étouffé n'était que subordonné au fait d'être rôti vivant. C'était un grand feu rugissant qu'ils allumaient. Il entendit les branches détachées et la bruyère séchée tomber en bottes sur le brasier.

Ses oreilles chantaient à cause de l'étouffement, son cerveau tourbillonnait et sa respiration était courte comme un poisson halète sur une berge. Et puis, avec un cri pitoyable, il tomba en avant, sur le feu lui-même, dans un tourbillon de fumée et d'étincelles, au milieu des soldats.

L'officier, pensant que la silhouette noircie et en lambeaux pourrait être le prince lui-même, s'empressa d'effacer les langues de flammes sur ses vêtements et, le tirant sur ses pieds, le regarda droit dans les yeux.

"Tuts," dit-il sur un ton de profonde déception. "Ce n'est qu'un garçon."

— C'est le garçon qui s'est enfui, s'écria un soldat en le regardant ; "le duc offre cinquante livres pour son arrestation."

"Quel garçon ?" » a demandé l'officier en regardant Rob avec un certain intérêt.

"Rob Fraser, il sait..." mais l'officier l'interrompit. "Peu importe ce qu'il sait", dit-il d'un ton irrité, "attachez-le et placez-le contre le mur."

Longtemps après, lorsque Rob fut revenu à lui-même et que ses yeux furent plus habitués à la lumière du grand feu, il observa l'officier en train de souper. C'était un petit homme aux cheveux roux, aux yeux bleus froids et aux sourcils blancs, ressemblant à un blaireau, et avec Campbell écrit partout sur lui. C'était un mauvais jour où un Campbell pouvait se pavaner à son aise dans la campagne.

Ayant fini sa nourriture et n'en offrant aucune à Rob, qui faillit lui demander une bouchée tant il était affamé, l'officier alluma sa pipe et appela ses hommes, leur disant qu'ils pouvaient dormir le long des murs de la place.

Très affable par la viande et la boisson, il entra également dans la conversation, et étant, comme la plupart des petits hommes, très désireux de montrer à quel point il était un garçon terrible, avec l'esprit d'un géant, il raconta l'histoire de la banshee du Loch Fyne et la raconta. si habilement que les soldats se rapprochèrent un peu et envoyèrent la bouteille avec une certaine inquiétude.

"Il venait d'une île isolée", dit-il, "et personne ne l'a vu passer sur la face grise du loch - mais il y eut un cri lugubre qui semblait être loin dans les nuages et un vent froid passant comme un spectre le long du lac. la rive aride. Oh, c'était la banshee rare du Loch Fyne, et certains disaient qu'elle vivait sur l'île solitaire où reposaient les morts, car elle passait toujours par là, et elle ne voyageait jamais seule.

"Je n'aime pas ces contes des Highlands", dit un Anglais avec un frisson, "et surtout pas par ici. Il y avait un fantôme que j'ai entendu raconter à Holmbury Hall..."

"Souhait à vos fantômes", interrompit un grand Écossais des Lowlands, dont les yeux étaient enchantés par l'histoire de la banshee. "Le capitaine ici présent a vu la banshee, n'est-ce pas, monsieur ?"

Or, l'officier n'avait jamais revendiqué ce privilège auparavant. Il est peu probable qu'il ait jamais été sur les rives du Loch Fyne, étant un homme de Glen Etive, et on peut également se demander si la redoutable banshee n'était pas un récit de voyage. Quoi qu'il en soit, il n'était pas prêt à décevoir ses auditeurs à un moment aussi propice.

"Une fois, une fois", répondit-il, étant un homme aussi véridique que le permettait un mensonge, "une seule fois et cela à minuit - une lune claire dans le ciel et pas de vent à proprement parler. J'étais un jeune à l'époque, à peine vingt ans, et aussi imprudente que possible. On disait toujours que la banshee quittait l'ancien lieu de sépulture à midi et traversait le lac pour accomplir sa mauvaise mission. Certains ont entendu les gémissements du pauvre Angus Campbell. tout au long d'une nuit d'hiver et sa voix dans les nuages : « Tha e lamhan fuar : Tha e lamhan fuar ! Il a la main froide, froide ! »

"Mon Dieu", haleta le Lowlander en se rapprochant du feu.

Sur chaque visage autour de l'incendie mourant, une peur superstitieuse était écrite. Même Rob, affaibli par le manque de nourriture et plein de misère, entendit ses dents claquer devant le dessin que le petit homme avait dessiné – car il était un artiste d'effets horribles.

"J'ai ramé", a-t-il poursuivi, "et tout le clachan m'a regardé partir. J'ai ramé sur le loch argenté sous une lune montante, et il n'y avait aucun murmure sur ce qui allait arriver, pas même la douce musique de la banshee. .."

"Ca c'était quoi?" haleta l'un des soldats d'une voix tremblante.

Ils se retournèrent tous et écoutèrent.

"Je pensais avoir entendu une mélodie au loin", murmura-t-il, tremblant d'effroi.

"Tuts", dit l'officier, mais pas très heureux, "ce n'était rien. Mais la mélodie que joue la banshee est une mélodie étrange et tordue, et une fois que vous l'entendez, vous ne pouvez plus vous échapper - qu'est-ce que c'était ? Je jurerai que je entendu quelque chose."

Cette parole du petit officier lui-même fit frémir tout le monde. Quelqu'un essaya de jeter encore du bois sur le feu et s'aperçut qu'il n'y en avait pas, tandis que les deux plus proches de l'espace libre du mur se rapprochaient si près de leurs camarades qu'ils étaient regroupés comme du bétail dans un troupeau.

Rob s'accroupit sous l'ombre du mur, envahi par une peur similaire. Muckle John était oublié – oublié son destin imminent – il ne restait plus que la redoutable banshee et l'écho lointain et obsédant d'une mélodie, et l'étrangeté de l'endroit dans lequel ils se trouvaient.

"Allez, venez," dit l'officier en essayant de les calmer, "c'est étrange la façon dont le courage se manifeste dans ces endroits abandonnés. Comme je le disais, j'étais à regarder la grande pierre tombale sur laquelle reposait le clair de lune, quand j'entendis un peu une ondulation de musique qui fit assez glisser la chair sur mes os et mes cheveux se dressèrent tout croustillants et piquants et me croirez-vous, la pierre du tombeau commença à se soulever..."

"Écouter!" » a crié Rob.

Son avertissement aigu agissait sur eux comme un choc électrique. Ils se relevèrent dans un parfait paroxysme de terreur. Et puis, au loin, comme une mesure fantomatique, retentit une mélodie chantante et épouvantable. Cela sonnait horriblement dans cet endroit sombre avec seulement la lumière rouge maussade sur les murs brisés et hantés – horrible simplement parce que c'était un morceau de mélodie insignifiant et moqueur joué d'une manière sombre et sans cœur.

Mais il y aurait encore plus à venir.

"Sortons d'ici", gémit d'une voix rauque un des Anglais, mais il parla trop tard.

Car sous leurs yeux, le sommet du tombeau massif commença à s'élever, à s'élever, à s'élever, et la mélodie devenait de plus en plus claire, se rapprochant de plus en plus comme un homme marchant lentement au milieu d'eux.

Puis il y eut une scène telle que cette lande solitaire n'en avait jamais vue auparavant et ne reverra jamais. Car avec un seul hurlement de terreur, ils se précipitèrent ensemble vers la porte. Et le premier d'eux était le petit officier. Ils s'enfoncèrent dans la nuit silencieuse, trébuchèrent, tombèrent, n'osant jamais regarder en arrière, mais se mirent à atteindre Fort Augustus de la manière la plus rapide possible.

Une seule fois, le petit officier s'est arrêté, après être tombé la tête la première dans une tourbière, et alors qu'il en sortait, il a entendu (ou dit avoir entendu) la chose sur ses talons, flottant à dix pieds du sol et jouant comme elle venait.

Rob, incapable de voler, a été contraint à un courage qui ne lui plaisait pas. Alors, les yeux bien fermés et la tête enfouie sous une touffe d'herbe, il se prépara à la fin. Il ne voudrait pas revoir ce spectacle épouvantable. Il entendit le tumulte fou des soldats volants, il entendit un grand bruit comme celui d'une lourde porte qui claque, il écouta, les membres tremblants, la mélodie fantomatique qui mourait sur la lande.

Et puis de nouveau, il entendit un bruit de pas, et il sut que la banshee était venue le manger à loisir.

Il tâtonnait vers lui sur le sol. Maintenant, ça le touchait. Ses mains étaient aussi froides que l'avait dit le petit officier.

"Rob!" dit Muckle John en le secouant.

Il poussa un cri étouffé en partie à cause de sa bouche pleine d'herbe, en partie à cause du choc de tout cela, mais surtout parce que tout cela était si inattendu.

Muckle John n'a rien dit mais l'a libéré et, prenant les bandes de corde, les a jetées au feu.

"S'ils reviennent un jour, ce qui ne se fera que de jour, voire pas du tout", dit-il, "ils sauront que cela vous a dévoré jusqu'au moindre morceau. Mais je doute qu'ils le fassent. Allumons le feu, Rob. , et dormons, car il y aura peu de gens qui se mêleront de nous pendant un moment. "

"Mais comment as-tu pu faire ça, Muckle John ?"

Il posa quelques bâtons sur les braises et commença à manger les restes du souper des soldats.

"N'ai-je pas dit qu'il y avait toujours un moyen, Rob, mais trouvez-le. Il y a peu d'endroits par ici que je ne connais pas, Rob, et peut-être que c'est en ma faveur. Mais si je devais dire que la pierre tombale n'est pas pierre tombale du tout, et que Macrea n'est qu'une manière de parler, j'admets que je peux avoir l'air de vous avoir trompé. Mais tout comme le renard, bénis-le, connaît sa cachette avant de partir à la chasse, de même moi, Rob, J'ai fait de petits préparatifs depuis longtemps. Ils pourraient s'avérer utiles un jour, et quand je me suis caché dans cette même pierre en 1941 pour une affaire privée, j'étais assez heureux d'avoir pris cette précaution.

"C'était pour quoi ?" » demanda Rob, la tête hochant la tête à cause du sommeil.

Mais Muckle John ne lui tendit qu'une bannique et une tasse d'eau provenant de la brûlure.

"Ce serait révélateur", dit-il, et s'enveloppant dans son plaid, il s'assit en clignant des yeux devant le feu.

CHAPITRE XIX

LA DANSE DES MACKENZIES

Pendant le temps de réparation de la cheville de Muckle John, ils restèrent cachés dans le château brisé, et une telle histoire fut racontée à propos de la banshee que l'endroit fut laissé à l'écart. Chacun des quatre soldats raconta la terrible expérience à une douzaine d'autres soldats et ceux-ci y ajoutèrent un petit quelque chose et le transmettèrent de sorte qu'en un jour tout Fort Augustus en fut informé, et bientôt cela se répandit parmi les équipes de recherche parmi les autres. les collines et en une semaine, Édimbourg l'envoyait à Londres.

Beaucoup, en effet, se sont moqués de cette chose mais, comme aucun n'est venu soumettre la banshee à un test personnel, le désir de Muckle John d'un calme absolu a été satisfait. Le château fut traité avec un profond respect pendant un siècle entier.

Il incombait à Rob de parcourir la nuit le pays voisin pour trouver de la nourriture, et ainsi une semaine se passa assez paisiblement, et un soir avec la promesse de beau temps et d'une nuit étoilée, ils se préparèrent à repartir.

"Allons vers le Loch Carron, Rob", dit Muckle John, "le pays à proximité est vide de troupes et lorsque nous entendrons des nouvelles d'un navire français dans le Sound of Sleat, nous pourrons aller vers le sud."

"Faut-il aller en France, Muckle John ?"

"Ça ou Holland, Rob, mais seulement pour un moment. Tout cela va exploser, et quand tu auras laissé pousser la barbe, tu reviendras et personne ne te connaîtra."

"Mais tu ne reviendras pas aussi ?"

"Moi ? Cela dépend, Rob, j'en doute mais le pays sera trop calme pour moi. Les Highlands ne sont plus ce qu'ils étaient. Cela me dérange le jour où un gentleman pourrait soulever quelques têtes de bétail à son bon plaisir. Mais là ' Je n'en aurai bientôt plus grand-chose, Rob, et je n'ai pas été élevé dans le commerce comme un bailli des plaines.

Un peu déprimé par une telle perspective, Muckle John soupira, alors ils repartirent et atteignirent Glen Affrick avant l'aube. Là, ils restèrent cachés à l'abri d'un rocher jusqu'au soir, puis ils repartirent comme avant et s'arrêtèrent deux jours plus tard sur les rives du Loch Carron, n'ayant rencontré aucun danger sur la route.

À l'entrée de l'écluse se trouvait une petite auberge d'apparence mesquine, et à l'extérieur, assis sur leurs arrières, une demi-douzaine d'hommes à l'air rude – des types basanés aux cheveux noirs, en tartan Mackenzie. Ils bavardaient ensemble comme des singes à l'approche de Muckle John et Rob, mais en les voyant, ils se turent et les regardèrent tous deux avec des yeux hostiles et insolents. Il n'y avait pas un homme là-bas qui ne pensait à Culloden dès qu'il les voyait : Muckle John avec sa boiterie et Rob avec le Jacobite traqué écrit partout sur lui. Les étrangers n'étaient guère bienvenus à cette époque où un groupe d'habits rouges, sous le moindre prétexte, pouvait réduire en cendres un village inoffensif.

Mais ils ne disaient rien, leur lançant des regards furieux sous leurs sourcils hirsutes.

Muckle John les aperçut d'un seul coup d'œil. Il lut exactement ce qu'ils avaient en tête, et avec un bonjour tranquille, il les dépassa et entra dans l'auberge.

"Rob," murmura-t-il, "ne bouge pas avant que je te le dise."

Une vieille femme hagarde était assise sur un tabouret devant les tourbières. Elle leva les yeux et les regarda tous les deux pendant un moment sans parler, puis quelque chose dans la silhouette de Muckle John la fit regarder à nouveau jusqu'à ce qu'il penche la tête et regarde son visage jaune et ridé.

"C'est un frère et une sœur," cria-t-elle d'une voix rauque, "tu es là ?"

"Whhh!" dit Muckle John, "comment ça va, Sheen ?"

Elle chantonnait au nom qu'il avait utilisé.

" C'est bien, " répondit-elle, " mais qu'en est-il de vous ? Et que puis-je faire ? "

« Dis-moi, Sheen, dit-il, qu'en est-il de cet endroit ? Est-il sûr ? »

Elle secoua la tête.

"Il y a la mort ici", dit-elle, "Neil Mackenzie est de retour des guerres - il est nouveau venu de la poursuite du Prince - vous devez fuir, et le garçon avec vous. Vous ont-ils vu dehors ?"

Il hocha la tête, les yeux rivés sur la porte.

« Nous attendons des nouvelles de France, dit-il, comment partir d'ici, ils nous rattraperaient.

Sur le visage de la vieille femme se dessinait une expression de peur.

"Écoutez!" dit-elle, "il y a des pas le long de la route".

Ils écoutaient tous attentivement.

Des bruits de pas se rapprochaient de plus en plus.

"C'est lui-même", murmura-t-elle, "Neil Mackenzie est nouveau venu de Skye."

Muckle John sourit sombrement.

"De la poêle au feu, Rob", dit-il en s'asseyant près du feu.

Sur la route, ils entendirent des voix étouffées et un jour, le visage d'un homme regarda par le trou de la fenêtre et disparut très brusquement.

Quant à Muckle John, il semblait très intéressé par les tourbes sur lesquelles il était assis.

Soudain apparut dans l'embrasure de la porte un homme d'une cinquantaine d'années, de taille moyenne, mais avec les épaules et la poitrine les plus larges que Rob ait jamais vues. Il était en grand costume des Highlands, avec une claymore à son côté, et une main reposait sur la poignée et l'autre sur sa hanche. Son attitude était froide et insolente. Ses traits étaient larges et grossiers et son visage lisse et rasé de près était gras et rose, mais on ne pouvait nier l'esprit de l'homme. Ses yeux en étaient pleins – de ça, et d'une vilaine méchanceté.

Il était en tenue Highland complète, avec un Claymore à ses côtés.

Muckle John lui jeta un regard très nonchalant et se mit à examiner ses ongles, tandis que Rob regardait l'étranger avec un émerveillement ouvert.

Derrière l'homme dans l'embrasure de la porte se rassemblaient une demi-douzaine de Mackenzies sales comme des bêtes de bétail fouinant devant une porte.

Neil Mackenzie, car c'était lui, se mit à commander un verre pour lui-même, puis s'asseyant sur un tabouret, il regarda Muckle John de la même manière insolente, tandis que les hommes du bord de la route entraient dans la pièce, concentrés sur le sport. Ils avaient déjà vu Neil à ce match. Il était le rare à mettre un étranger par les talons.

"Peut-être que tu as voyagé loin ce jour-là ?" » demanda-t-il d'une voix semblable à l'aboiement d'un renard.

Muckle John le regarda lentement.

"Peut-être", répondit-il en se réchauffant les mains devant les tourbes.

Mackenzie remua sur son tabouret.

"Vous n'êtes pas le seul sur la route à avoir une cheville cassée aujourd'hui", a-t-il déclaré.

"Une cheville coupée", rétorqua Muckle John, "est plus consolante qu'une tête coupée."

Jusqu'à présent, ils avaient parlé en écossais, mais maintenant, comme pour permettre à ses hommes de comprendre comment les choses se déroulaient, Mackenzie se leva et se pavanant vers Rob, lui passa un coup de poing sur la tête et dit :

« De qui es-tu le jeune bantam, mon garçon, et quel genre de tartan est-ce pour le pays du Mackenzie ?

Or, Rob n'était pas du genre à recevoir des coups de qui que ce soit, encore moins devant une foule d'étrangers moqueurs, et si Muckle John ne lui avait pas jeté un regard, on ne peut pas dire qu'il aurait pu agir de manière imprudente.

"Il y a des moments", répondit Muckle John, "où un homme est reconnaissant pour de petites grâces."

Instantanément, Mackenzie devint très rouge et se mit à respirer rapidement, comme tous les Highlanders en colère.

« Il me semble connaître votre visage, dit-il, mais je ne connais pas le tartan que vous portez.

"Vous êtes un peuple étrange", dit Muckle John, "qui ne reconnaît pas un barde quand vous en voyez un."

"Un barde", répéta Mackenzie, "puis chante ou joue", et il se moqua du reste d'entre eux et leur fit un clin d'œil pour ce qui allait suivre.

"Mon garçon ici porte mon instrument", dit-il, et il prit Rob à part sous prétexte de s'entretenir avec lui.

"Rob", murmura-t-il, "écoute la mélodie qui fonctionne comme ça", et il fredonna une mesure, "peut-être que ça s'appellera 'Mackenzie's Dance'. Quand j'y ai joué une fois, faites ce que je vous dis," et il approcha sa bouche de l'oreille du garçon. " Sortez et emmenez la vieille femme avec vous, car elle peut vous donner un coup de main. "

Puis, allumant les Mackenzie, il sourit comme un homme en mission agréable, et, debout, dos au feu, se mit à chanter, et à la première note, un silence étrange tomba sur les Mackenzie, car personne n'avait jamais écouté chanter comme que.

Le soleil s'était couché depuis une heure et la brume grise de la pénombre rampait sur le loch et le long de la plage. Au large, un bateau se dirigeait vers la côte. Muckle John l'a vu à travers la fenêtre ouverte. C'était un bateau à la rame rapide et portant un drapeau à l'arrière. Mackenzie le regardait aussi — un sourire moqueur aux lèvres. Et tandis que Muckle John chantait, il aperçut le sourire et mesura d'un coup d'œil rapide la distance qui séparait le bateau de la terre.

"Brawly chanté", crièrent les Mackenzie, riant dans leurs manches du réveil brutal que l'étranger aurait.

Muckle John s'arrêta un moment et sortit son sifflet de sa poche.

« Si vous me laissiez l'espace d'un coude, dit-il, je vous jouerais un air.

« Voici, » s'écria Mackenzie, et ils reculèrent, laissant un passage jusqu'à la porte.

À ce moment-là, Muckle John se lamenta : « La Vallée des Larmes », et dans ce gémissement il y avait la tristesse du crépuscule et l'histoire de celle-ci était le passage des années. Le chagrin — le chagrin et le vieux temps qui est révolu pour toujours — allait et venait Muckle John et les larmes coulaient sur les joues des Mackenzie, tandis que Neil, leur chef, baissait la tête et disait dans son esprit : « Nous ne tomberons pas sur lui encore, mais attendez un peu jusqu'à ce que nous ayons entendu un autre morceau.

Et pendant tout ce temps, le bateau s'approchait du rivage.

Sans s'arrêter, Muckle John sortit un moulinet, et son doigté était si vif et sa mesure si vive qu'ils se mirent à danser sur-le-champ, se retournant et s'accrochant, et le meilleur d'entre eux, Neil Mackenzie, un canaille s'il en est un. .

Personne n'a remarqué comment Muckle John avait atteint la porte ouverte. Ce fut seulement la pause qu'il fit (ce qui était une pure folie imprudente de sa part) jusqu'à ce qu'ils se retrouvent à se regarder honteusement et à regarder Neil pour voir ce qu'il avait en tête. Mais il se contenta de sourire, pensant à la rare blague qui allait arriver et fit un signe de tête à Muckle John.

"Allez," cria-t-il.

Muckle John baissa la tête. Sur ses lèvres se dessinait un sourire dangereux.

"Je vais jouer un air", dit-il, "appelé" La danse des Mackenzies "- il m'est venu à l'esprit il y a une heure."

"C'est son esprit vif", murmura un Mackenzie noir à son voisin.

"Je n'aime pas son regard", fut la réponse, "il n'est pas idiot, ce grand homme."

Mais Muckle John jouait déjà dans son sifflet, et c'était certainement un air prenant, et pourtant avec quelque chose d'étrange, quelque chose qui les faisait se regarder sous les yeux, de peur d'on ne savait quoi.

Et Neil Mackenzie est sorti trop tard de sa léthargie.

Car au dernier bar, il y avait un bruit de crépitement sur le toit, et le chaume était en feu.

Avec un cri, il dégaina son épée et se précipita vers la porte, mais l'étranger était prêt à l'affronter et aucun homme dans les Highlands ne pouvait à lui seul tenir tête pendant une minute à la longue claymore de Muckle John. Il se tenait dans l'étroite porte, légèrement penché en avant et tenant un dague dans la main gauche.

"Danse!" » cria-t-il avec dérision alors que le bruit du chaume incendié se transformait en un rugissement maussade. "Dansez, chiens !" et retirant la Claymore de la main de Neil Mackenzie, il lui passa le bras armé.

Puis ils s'approchèrent tous ensemble, une foule hérissée et hargneuse, armés uniquement de dagues et impuissants face à sa longue lame. Il les repoussa avec un rire dur, les repoussa dans la fumée aveuglante et, debout sur le seuil de la porte, se mit à nouveau à chanter, mettant des paroles sur l'air qu'il avait joué. Dans un silence frappé, ils écoutèrent tandis que, dans l'obscurité, un bateau sur le loch s'arrêtait et reposait ses rames, regardant les flammes rouges s'enrouler dans la nuit.

"Dansez, dansez sur les pieds de feu !" chantait Muckle John, "Mackenzies fait trébucher la bagarre."

Soudain, venant de la pièce où la fumée était dense et noire, une voix l'appela pour les entendre. C'était Neil lui-même.

"Que nous veux-tu?" il pleure.

Muckle John regarda dans le miroir.

" Jetez vos bras ", dit-il, " et vous, Neil Mackenzie, sortez le premier et tenez-vous d'un côté. "

Il y eut un bruit instantané de poignards et d'une épée large.

"Rob", s'écria Muckle John, "emmène cet homme là-bas et pistolet-le s'il fait preuve de méchanceté, même si je lui ai assez joliment tranché le bras."

Puis se retournant, Muckle John rassembla les armes et appela les Mackenzie à sortir. Ils le firent assez facilement, haletant et toussant à la lueur du feu, et essuyant leurs yeux endoloris.

Voyant qu'ils ne méditaient pas d'attaque, Muckle John jeta leurs dagues dans la maison en feu, puis marcha vers eux.

"Je prends votre chef", dit-il, "à titre de sauvegarde. Si je suis suivi, je le tuerai aussi sûrement que je m'appelle Muckle John."

"Muckle John!" crièrent-ils consternés.

"Je pensais que ce n'était pas un homme ordinaire", dit le noir Mackenzie à son voisin.

"Muckle John!" répéta l'autre, "ce sont les rares imbéciles que nous avons été, Angus... je pense que je vais rentrer à la maison."

"Viens", dit Muckle John à Neil Mackenzie, et sans un mot ils commencèrent.

Mais soudain, Muckle John s'arrêta net.

« Rob, » dit-il, « dirigez-vous plein sud, en gardant la ligne de mer et arrêtez-vous à deux milles de là sur le rivage. J'ai des affaires ici », et se retournant, il disparut dans l'obscurité.

Près de la chaumière détruite, il trouva la vieille femme qui pleurait en silence.

« Sheen, pauvre femme, dit-il, ce n'est pas le fils de mon père qui te ruinerait, toi qui connais mon secret.

"Vous êtes toujours anonyme ?"

"Toujours sans nom, Sheen, jusqu'à ce que je rencontre l'homme qui a tué mon père."

"Qui sera-t-il ?"

" Qui, en effet ? Mais je le connaîtrai. Je repars à l'étranger quand je le peux. Un jour peut-être je le rencontrerai. On dit qu'il avait horreur du " Bobine des Colporteurs " - c'était l'air sur lequel mon père est mort. avec dans sa gorge, et c'est l'air, Sheen, que je joue chaque fois que je rencontre un homme tel qu'il peut être.

La vieille femme lui toucha le bras.

"Il y a un désastre qui arrive sur le rivage", a-t-elle déclaré, "je peux le sentir dans le vent."

"Le bateau", dit Muckle John, "qui arrivait si vite dans le bateau ?"

"Je ne sais pas, mais il y a la mort dans l'air."

Muckle John lui attrapa le bras.

"Tiens," dit-il, "prends ceci, c'est une bagatelle mais cela t'achètera un autre chalet, Sheen. Au revoir, il faudra longtemps avant que nous nous reverrons."

Il la dépassa et se dirigea vers la plage. Sur le rivage, le bateau était échoué et plusieurs hommes grimpaient sur le sable. L'un d'eux, un homme grand et mince, portant un lourd manteau et un bâton à la main, était soutenu par deux matelots.

Muckle John se rapprocha. Certains Mackenzie couraient à la rencontre du nouveau venu, pleins de ce qui s'était passé.

Il écouta l'histoire qu'ils racontaient au grand homme, qui semblait si faible à cause de la maladie ou de la mer qu'il dut s'asseoir pour les entendre.

"Qui était cet homme que Mackenzie nous a envoyé chercher ?" demanda quelqu'un, capitaine d'une frégate évidemment.

"Muckle John!" cria une voix.

À ce moment-là, la vie nouvelle semblait affluer dans la silhouette accroupie et brisée sur le sable.

"Muckle John!" il pleure.

C'était la voix de Captain Strange !

Toute la nuit, Muckle John et Rob coururent vers le sud, et à l'aube ils atteignirent le pays des Macraes, où ils se séparèrent de Mackenzie et se dirigèrent vers les rives du Loch Hourn.

Là, sur une lande désolée, fouettée par la pluie, avec du sel dans le vent et les oiseaux de mer criant au-dessus de leurs têtes, Muckle John a fait halte.

C'était vers la fin du mois de mai, mais c'était une journée amère, même pour le Loch Hourn.

"Où allons-nous maintenant?" » demanda Rob, frissonnant de froid.

"Où en effet, pour l'instant nous sommes poussés dans la ligne de marche anglaise et Knoidart était le dernier endroit dont je rêvais. Il vaut mieux que nous prenions des routes différentes, Rob, nous avons voyagé trop longtemps ensemble. Direction le sud. , Rob, et si tout va bien, attends-moi des nouvelles à l'extérieur de Leith. Il y a un gibet là-bas - dirons-nous ce jour-là, et si je ne viens pas, alors continuez votre chemin et ne dites jamais ce qui vous a amené là-bas. , change ce kilt et, pour l'amour de Dieu, couvre tes jambes avec une culotte et des bas décents, car ceux comme toi seraient reconnus d'un bout à l'autre de l'Écosse. Ils te veulent, Rob, n'oublie jamais ça - ils te veulent en tant que rebelle, mais. c'est des havers ; en tant que briseur de prison, mais ce n'est ni ici ni là – ils vous veulent juste parce que vous savez où se cache Lovat, et ce qui est arrivé au trésor d'Arkaig. Qu'est-il arrivé à ce même trésor, Rob ? ou n'a-t-il pas été enterré du tout ? »

"Je ne peux pas le dire", répondit Rob, "car je ne sais pas."

Muckle John soupira puis lui serrant la main, il s'adressa au loin avec un regard pensif et mélancolique.

"Qu'un homme soit aussi imprudent qu'un imbécile ou un fripon doit toujours être une question de débat", réfléchit-il à voix haute, "mais je sais très bien ce que je voudrais que tu sois, Rob," et secouant la tête, il commença à s'éloigner. .

Soudain, cependant, il s'arrêta et revenant plus rapidement, il conduisit Rob jusqu'au bord du loch.

« Dis-moi, dit-il, qu'est-ce qui m'empêche de vous y mettre ?

"Rien", dit Rob, "mais je ne vois pas ce que vous gagneriez à cela. Je vous dis que je ne sais rien du trésor. Il a été caché pendant que j'étais assis sur la plage."

Muckle John secoua la tête de la même façon désespérée.

"Je n'aime guère te quitter, Rob," dit-il tristement, "il y a des moments où je me demande si on peut se fier à toi seul. Beaucoup d'hommes diraient que tu es idiot, Rob, mais il y a de l'honnêteté écrite sur ton visage. Je J'en ai rencontré un autre comme Yersel, alors je sais. C'est une terrible responsabilité d'être si honnête, Rob - cela met les autres mal à l'aise. Au revoir, Rob, et voici de l'argent juste au cas où vous auriez faim ou voudriez passer une nuit. Mais faites attention aux corps errants du côté de Rannoch, car ils vous trancheraient la gorge pour un signe de tête et vous suivraient à Londres pour le tintement d'un bawbee.

"Au revoir," dit Rob, "où vas-tu maintenant, Muckle John ?"

"Je pars pour Arisaig", répondit-il, "j'ai une dette à payer."

"Une dette?"

"Pas si surpris, Rob, personne ne paie ses justes dettes comme Muckle John. Dirk pour poignard – coup pour coup – poursuite pour chasse – il n'y a pas d'âme plus honnête que Muckle John."

Rob rit, quoique un peu timidement, et c'est ainsi qu'ils se séparèrent, Muckle John passant rapidement vers le sud tandis que Rob le regardait disparaître dans le paysage morne et se perdre dans la brume froide de la mer.

CHAPITRE XX

UN COMPLICE CONTRE LE VOLONTAIRE

C'est au coin de Church Street, la semaine qui suivit les fiançailles de Glenmoriston, que Miss Macpherson, occupée à quelques achats, s'arrêta très brusquement en face de la taverne du major James Fraser (communément appelé Castleleathers) et regarda avec des signes d'agitation un papier imprimé était accroché à la fenêtre. Un spectateur occasionnel n'aurait jamais su que Miss Macpherson était même légèrement émue par ce qu'elle lisait, mais un observateur attentif aurait vu sa bouche se fermer étroitement, ses sourcils s'affaisser sur ses yeux perçants, ses mains agripper spasmodiquement les paquets dans ses bras. C'était suffisant pour surprendre n'importe quelle femme. En effet, la plupart des gens auraient perdu la tête et auraient fait quelque chose de stupide.

Car le contenu du journal était principalement consacré à une description personnelle d'un certain "Rob Fraser, un rebelle en liberté, vêtu d'un kilt en tartan Fraser avec un manteau sombre - seize ans et plus - de forte corpulence et aux cheveux noirs, qui était en armes contre le gouvernement à Culloden et s'est depuis évadé de prison de Fort Augustus, s'est caché avec des rebelles désespérés et a récemment tué, en compagnie d'un certain Muckle John, un Jacobite notoire, un certain nombre de forces de Sa Majesté dans le pays de Glenmoriston. Celui qui mettra ledit Rob Fraser par les talons recevra la somme de cinquante livres," et ainsi de suite.

Il y avait bien plus encore, mais Miss Macpherson, malade au cœur, s'éloigna lentement. Il ne faudrait pas qu'elle soit vue en train de lire ce truc. Son esprit fut stupéfait pendant un moment. Elle ne remarquait ni où elle allait, ni les passants. Ce n'est que lorsqu'elle heurta un grand homme debout au coin de la rue qu'elle sursauta et leva les yeux.

C'était Castleleathers.

Elle le connaissait légèrement comme un cousin éloigné du père de Rob, mais elle aurait continué son chemin s'il ne l'avait pas saluée.

« Belle journée, Miss Macpherson », dit-il d'une voix forte, alors que deux soldats les dépassaient le long de la route, puis à voix basse, « avez-vous des nouvelles de Rob ? »

"Non," répondit-elle, "et aucune nouvelle n'est une bonne nouvelle en ces temps. Qu'est-ce qui l'a poussé à se mêler de telles choses, ce huard irresponsable ?"

Il tourna la tête vers sa maison.

« Entrez, » murmura-t-il, « nous devons voir ce qui peut être fait. »

Ensemble, ils entrèrent dans la maison et, montant les escaliers, arrivèrent à une chambre haute.

C'était un homme très lourd, au visage rouge et impuissant. Son incompétence massive face au stress de l'urgence l'irritait jusqu'à l'acidité.

"C'est ici que Rob a rencontré ce gomeril à la voix douce, Muckle John", a-t-elle lancé.

"Oui, ça l'était," répondit-il, hochant la tête d'un air maussade.

"Et je soupçonne l'homme qui lui a donné mon adresse ce soir-là, le major Fraser."

"Cher moi, Miss Macpherson, vous le dites?"

"C'est vrai, mon homme, et en plus il est dans cette même pièce."

Avec une simulation pathétique de surprise, Castleleathers fit mine de regarder par-dessus son épaule.

"C'est Yersel", dit froidement Miss Macpherson.

Il essaya de croiser son regard de pierre, mais échoua.

"Quand vous en parlez", commença-t-il comme un homme luttant pour se souvenir d'un événement lointain, "quand vous en parlez, j'ai peut-être dit que j'étais le cousin germain de Rob qui vivait avec sa tante à proximité - je ne nie rien, attention. oui, je dis simplement que peut-être je l'ai fait au cours d'une conversation, d'une plaisanterie madame, d'un peu de potins..."

"C'est comme si c'était un sujet de ragots pour Rob", rétorqua-t-elle, "et ce n'est pas si loin."

"Tuts ! vous prenez un point de vue trop sérieux. Tout va exploser, tout va exploser. Il y a eu des problèmes auparavant, je me souviens du 15, c'était exactement la même chose, et avant que quelques mois ne se soient écoulés, tous les gens partaient." à propos de leurs manières de faire quand même et de garder leurs claymores huilées pour la prochaine fois. Rob est un garçon plein d'esprit, Miss Macpherson, et ils ne le prendront pas.

Mais elle ne l'écoutait pas. Elle réfléchissait au plus profond de son esprit à une sorte de plan, n'importe quel plan fou qui sauverait Rob. Le temps où il aurait pu se rendre et s'évader après quelques mois d'emprisonnement était révolu ; il était désormais un rebelle notoire, toujours en armes et associé à des dirigeants désespérés au sein de l'armée rebelle. Il n'y avait aucun espoir de le protéger jusqu'à des jours meilleurs. Ce doit être une fuite à travers la mer – ou une grâce. Mais l'idée d'une grâce était évidemment absurde.

"Que pouvons-nous faire?" dit-elle avec une sorte de désespoir contenu.

Castleleathers cligna des yeux.

"Nous?" répéta-t-il vaguement. "Je crains que je..."

Mais elle le figea d'un seul regard.

"Je ne suis pas d'humeur à discuter", a-t-elle déclaré, "et notre objectif est de libérer Rob. J'ai en tête un plan en quelque sorte, mais il faudra le mettre en œuvre."

"Mais je ne peux même pas risquer ma vie pour vous aider, Miss Macpherson."

"Mon homme," répondit-elle sombrement, "vous risquerez votre peau si vous ne le faites pas. Qui a protégé Muckle John, ce voyou désespéré, à Inverness sous le nez de Lord London, mais juste yersel'?"

"Comment le saviez-vous?" murmura-t-il, très surpris.

"Je ne l'ai pas fait," répondit-elle confortablement, "mais je m'en doutais."

"C'était un vieil ami."

"Cela chatouillerait les oreilles du duc, il a une certaine rancune contre Muckle John, il me l'a dit lui-même. Il a dit qu'il pendrait volontiers quiconque lui donnerait refuge."

Les Castleleathers reculèrent.

"Il a dit ça, n'est-ce pas ?" murmura-t-il consterné.

Elle hocha la tête.

"Il n'est pas encore sûr de vous", a-t-elle ajouté.

Il paraissait considérablement abattu et répétait sans cesse qu'il ne savait pas du tout ce qui pouvait être fait.

"Nous devons le contraindre à signer un pardon", dit Miss Macpherson, "nous devons lui faire craindre la mort, Castleleathers. Vous êtes un homme très grand et puissant, aussi grand de poitrine que Muckle John lui-même" - elle fit une pause. , le regardant attentivement - " bien sûr, " s'écria-t-elle, " mais il y a une idée pour vous... ne pourriez-vous pas laisser entendre que vous étiez Muckle John ? "

"Je... Muckle John ? *Ma chère dame* ..."

"Vous êtes plus gros que lui et sans son esprit bien sûr, mais comment le duc peut-il le dire ? J'ai un ami à l'intérieur du fort, un Macpherson, cousin au troisième degré de la belle-fille de ma mère et un homme doux et tranquille. Il ferait quoi." il le peut, même s'il a un grand respect pour son cou.

"Je suis avec lui là-bas", soupira Castleleathers. "J'espère, madame, que vous ne proposez rien d'irréfléchi."

"Mon homme," dit-elle avec vigueur, "quand mon sang monte, je ne m'accroche à rien, que ce soit Duke ou gibet."

Après cela, il y eut un silence des plus mélancoliques. Le major, qui avait espéré passer une vieillesse paisible et qui avait marché comme un chat parmi les flaques d'eau lors de la dernière perturbation, souhaitait assez loin à Muckle John et à Miss Macpherson beaucoup plus loin.

Le cœur entier du feu chaud (et c'était une journée froide) semblait être tombé en cendres. Il frissonna lamentablement et prit un triste plaisir à prier pour qu'il puisse attraper la mort du froid.

Une fois, il tourna lentement son regard et le laissa se poser d'un air maussade sur Miss Macpherson. Mais elle était absorbée par ses intrigues, et c'est un jeu qui est pénible pour les personnes non instruites.

« Je ne vois rien d'autre à faire, dit-elle enfin, que de lui tirer dessus.

"Le duc?" haleta Castleleathers.

"Qui d'autre... il ne serait pas une perte. Il y a peu de William Wallace en toi, mon homme."

"Je ne manque pas de courage personnel", gémit Castleleathers, "en effet, j'ai servi à l'étranger, mais cela est au-dessous de moi, madame, tout à fait au-dessous de moi."

Miss Macpherson se jeta sur une plaisanterie sinistre pour le ramener à la raison.

"Il n'y aura rien en dessous de toi si tu ne le fais pas," dit-elle rapidement.

Il recula devant une telle plaisanterie. Il avait toujours déploré la brutalité de la franchise la plus totale.

"Qui sait," dit-il pensivement, "mais un peu de menace ludique ne nous permettrait peut-être pas d'atteindre notre objectif, juste un pistolet agitant négligemment dans la main, et une claymore à côté, la main de fer sous le gant de velours, madame - vous m'emmenez. ?"

"Je vous comprends bien", a déclaré Miss Macpherson, "si la vie de Rob dépend de nous deux, il n'y aura pas d'esquive."

"Si seulement mon cœur était à l'ouvrage", soupira pensivement le major, "je ne me soucierais pas du duc ou de qui que ce soit. Ne pourriez-vous pas entrer en contact avec Muckle John, le duc a peur de lui, même... "

"Mon homme," interrompit Miss Macpherson, "vous êtes lent à comprendre, *vous* devez être Muckle John."

Il releva la tête à ces mots, dans une tragédie de silence sans voix.

" *Moi ?* " murmura-t-il. " *Moi Muckle John* ... oh, quelle est cette absurdité que vous proposez ? "

"Je n'ai pas décidé cela au hasard," répondit-elle, "et cela semble réalisable. J'ai une certaine connaissance des habitudes du duc, et laissons-le seul une fois et nous le forcerons à signer un pardon pour Rob. Il va bientôt vers le sud, nous devons donc agir immédiatement. Vous, Castleleathers, devez vous envelopper dans un plaid jusqu'au nez et lorsque nous le trouverons seul, vous menacerez sa vie.

"Mais toi... où seras-tu ?"

"Je vous surveillerai - n'ayez crainte - retrouvez-moi demain et nous partirons vers le sud. Les plans finaux que j'élaborerai, et je ne vais pas m'échouer ou je dirai au duc comment vous avez connu Lovat lui-même", et ils Je vous emmènerai à Londres comme témoin.

"Non, non", s'écria le major paniqué, effrayé, "je serai là, n'ayez crainte, mais c'est comme si je verrais Londres dans un rôle très différent."

CHAPITRE XXI

LA CAPTURE DU SEIGNEUR LOVAT

Au fur et à mesure que les semaines passaient et que les chercheurs n'arrivaient toujours pas, les espoirs de Lord Lovat grandissaient et des projets commençaient sans aucun doute à lui traverser l'esprit en faveur de la poursuite de la lutte ou d'une réconciliation avec le gouvernement. Il lui est peut-être venu à l'esprit d'envoyer un message diplomatique au duc de Cumberland à Fort Augustus, mais rien ne prouve s'il a pris des mesures précises avant qu'il ne soit trop tard.

Longtemps après la visite fatidique de Murray de Broughton, il s'était préparé à une fuite immédiate, mais à mesure que le temps passait et que rien ne l'alarmait, il se mit à s'asseoir au soleil ou à jouer aux cartes, ou à ruminer à l'intérieur du chalet l'éphémère. de toute la grandeur humaine.

Il y avait avec lui une vingtaine de Frasers, tous armés de mousquets et d'épées, et l'évêque Hugh Macdonald, qui n'abandonna pas le vieil homme au moment où il en avait besoin.

Ce fut le premier juin que le sloop *Furnace et Terror* , transportant un détachement de soldats de la garnison de Fort William, descendit la côte de Knoidart et d'Arisaig. Là, ils débarquèrent des soldats qui commencèrent à marcher vers l'intérieur des terres, en direction du Loch Morar.

C'est du côté nord du lac qu'ils aperçurent un homme qui se dirigeait le long du bord de mer, un homme très grand qui boitait en courant, surpris dans une zone dégagée. Se lançant à leur poursuite, ils se répartirent le long de la colline pour lui couper la route, mais lorsque l'homme sur le rivage les vit, il s'éloigna à grands pas, et si le lac n'avait pas été courbé vers l'extérieur de manière à rendre la fuite plus difficile, il aurait pu en prendre la tête et gagner la liberté. Cependant, pour éviter de tomber entre leurs mains, il se dirigea vers le loch et partit à la nage vers une île au milieu de celui-ci, progressant bien avant même qu'ils ne puissent se trouver à portée de tir.

Et puis, alors qu'ils cherchaient un bateau, il grimpa sur la rive boisée et disparut.

Lord Lovat était assis devant sa chaumière tandis que le nageur débarquait à gué. Il leva les yeux après s'être assoupi au soleil et s'être endormi.

En face de lui, avec de l'eau dégoulinante de ses vêtements, se trouvait Muckle John.

Il cligna un instant des yeux, puis s'apercevant que les soldats du continent poussaient un bateau sur le lac, il haussa les épaules.

« Je vous attendais, remarqua-t-il doucement, mais je n'ai pas cherché d'habits rouges ! Même Murray, votre dernier messager, est venu seul.

Muckle John secoua l'eau de son manteau.

« Si j'avais su que vous étiez ici, dit-il, j'aurais préféré être emmené.

Lovat était très perplexe, si perplexe qu'il ne pouvait que rester bouche bée.

"Viens," continua Muckle John, "il n'y a pas un instant à perdre. Montez dans un bateau et partez avec vous. Laissez une douzaine de vos hommes ici, nous pourrons les retenir un moment. Mais quand vous atteindrez le Considérez que vous n'êtes plus à l'abri de moi sur le continent.

Lovat sourit à cela.

"Comment vous battez-vous pour savoir qui aura mon pauvre corps," répondit-il. "Et si je restais tranquillement ici ? Si ce devait être l'un ou l'autre, mieux vaut Fort William, où je serai au moins protégé de vous."

« Monseigneur, » répondit Muckle John, « vous accordez une grande estime à Fort William. Mais laissez cela passer ; venez, monsieur, si vous ne bougez pas, je vous mettrai de force dans un bateau. Ils sont à mi-chemin. tu te lèves ou non ?

Très lentement, Lovat se releva.

"Je vais y aller", dit-il simplement, et la traversée vers l'autre côté de l'île se permit d'être aidé à monter dans un bateau et de ramer jusqu'au côté d'Arisaig.

Pendant l'heure suivante, une bataille royale fit rage entre les tuniques rouges et les Fraser sous Muckle John. À maintes reprises, ils tentèrent de prendre l'île d'assaut, mais le feu féroce des forces de défense les repoussa à tirer par-dessus les flancs de leurs bateaux et, dans la confusion, aucune pensée ne fut accordée à l'arrière de l'île et à la fuite de Simon. , Seigneur Lovat.

Finalement, dans un bref répit, Muckle John ordonna aux Frasers de se diriger vers les bateaux et, poussant au large, ils ramèrent en toute hâte hors de portée de l'île sur laquelle les Anglais débarquèrent en temps voulu.

En atteignant le continent, Muckle John fit ses adieux aux Fraser et, boitant dans l'ombre des arbres, il poursuivit son chemin. Mais tard dans la nuit, dans une grotte du côté de Glen Morar, il prit le troisième morceau de tartan Fraser de son sporran et le jeta au feu.

« C'est un calcul, dit-il en son cœur, qui convient mieux aux mains anglaises qu'aux miennes.

Près de Meoble, le septième jour de juin, les soldats trouvèrent Lord Lovat caché dans un arbre creux. Il avait renvoyé ses partisans afin de faire sortir ses poursuivants du sentier. Tout seul, assis sur son coffre-fort, il rendit son épée avec sa dignité coutumière et se laissa monter à bord du sloop *Furnace*.

Alors qu'on l'aidait à remonter le côté, il rencontra le capitaine Strange qui regardait par-dessus le pavois. Eh bien, il connaissait la réputation de Strange en tant qu'espion et agent secret.

"Je suis désolé de voir Votre Seigneurie dans cette situation difficile", dit Strange avec un courant de malice sous-jacente dans la voix.

Derrière Lovat, ils apportèrent son coffre-fort, et quand il le vit là, il pinça les lèvres, mais ne dit rien.

"Les hommes rapportent qu'ils étaient sur la trace de Muckle John depuis un jour ou deux", reprit Strange d'un ton signifiant, "tout ce que Votre Seigneurie pourra nous dire ne sera pas oublié. C'est un homme dangereux."

"Ma mémoire," répondit lentement Lovat, "est si courte que je ne peux pas m'en souvenir. Était-ce Muckle John ? Il me semblait un petit homme blond, mais vous savez, mes yeux ne sont plus ce qu'ils étaient."

"Je comprends," dit Strange d'un air sombre, et il les guida jusqu'à la cabane.

Là, les capitaines Duff et Ferguson les attendaient. Et sur la table se trouvait le coffre-fort sur lequel Lovat avait passé tant d'heures la nuit de Culloden à Gortuleg.

Lovat a été autorisé à s'asseoir, et après cela, il a semblé inconscient de la procédure et a semblé somnoler. Dans la boîte se trouvaient de nombreux objets de valeur personnelle pour lui et les chercheurs les ont ignorés. Mais près du fond de la boîte se trouvait une liasse de papiers ; ils les saisirent et commencèrent à les lire.

À ce moment-là, Lovat remua et leva les yeux et remarqua : "Vous n'y trouverez rien de trahison..." les regardant avec un demi-sourire aux lèvres.

Mais tout à coup il pâlit et se pencha en avant.

Dans la main du capitaine Strange se trouvait une lettre écrite par le maître de Lovat. D'une certaine manière, cette communication fatale avait été négligée.

"Veux-tu me laisser regarder cette lettre ?" » demanda doucement le vieil homme.

Strange hésita et vit la tension dans ses yeux.

« Je crains, répondit-il, que cela reste entre les mains du gouvernement. »

Lovat se laissa tomber sur sa chaise et secoua mélancoliquement sa grosse tête blanche.

"Je suis trop vieux", dit-il à peine à bout de souffle.

« Monseigneur, » dit Strange, « cette lettre est incriminante au plus haut degré. Vous souvenez-vous déjà si c'est Muckle John que vous avez rencontré sur l'île du Loch Morar ?

Lovat porta une grosse main à son oreille.

"Je n'arrive pas à comprendre ce que vous dites", remarqua-t-il doucement.

Strange répéta sa question.

"Je suis désolé", a déclaré Lovat, "mais à mon âge, la surdité est très répandue".

C'est ainsi qu'en temps voulu, ils l'emmenèrent à Fort William, le portant dans une civière, le trouvant très querelleur à cause des endroits cahoteux, et enclin à se moquer d'eux en latin pour son propre plaisir cynique et leur vague contrariété.

CHAPITRE XXII

Mlle MACPHERSON ET LE DUC

Sur le sommet des hauteurs, près de Fort Augustus, était assis un homme solitaire enveloppé jusqu'au nez dans un grand plaid des Highlands. La nuit tombait et une fine bruine tombait de l'ouest. La silhouette noire des collines entourait le fort comme pour l'écraser. Il n'y avait aucun bruit, si ce n'est le ruissellement las de la pluie et le bruit de l'eau qui coule sur les pierres.

La silhouette sur le flanc de la colline ravagée par la brume ne bougeait jamais, mais restait aussi sans vie que le rocher derrière lui – faisant partie pour ainsi dire du crépuscule tragique.

Dans le fort, des lumières clignotaient ici et là, et un cavalier sortit de la lumière obscure et franchit les portes.

L'homme sur la colline ne relevait jamais la tête mais le surveillait néanmoins, la pluie coulant de son bonnet jusqu'à son plaid et coulant en petits ruisseaux sur la bruyère.

Un clairon retentit en bas. A ses notes sourdes succéda le bruit des portes.

Le Fort était fermé pour la nuit.

L'obscurité rapide d'une nuit dans les Highlands a aplani la ligne irrégulière des montagnes, effaçant de ses ombres voyageuses les contours du vallon désolé, les bosquets d'arbres autour des basses terres et, en un éclair, l'homme sur la colline. Il était devenu en un instant indissociable de la nuit elle-même.

Longtemps après, un sifflement clair retentit depuis le chemin en contrebas. Il a été suivi d'un sifflement plus doux et plus long.

Avec un soupir, l'homme sur la colline se releva, très raide et froid à cause de l'attente, et passant au-dessus de la bruyère détrempée, il regarda autour de lui dans la brume. Bientôt, deux personnages apparurent.

Le premier d'entre eux, enveloppé comme l'homme lui-même dans les plis d'un lourd plaid, s'adressa à lui d'une voix familière.

C'était Mlle Macpherson.

" Venez, Castleleathers, " dit-elle, " voici l'homme Macpherson, il passe une corde par-dessus le mur, et il a tout arrangé. Le duc attend un visiteur de l'ouest cette nuit même ou peut-être demain et il le fera. être seul. Les choses ne sont plus aussi strictes qu'elles l'étaient, et il y a une rumeur selon laquelle il va bientôt vers le sud. Il pense que les Highlands sont écrasées...."

"Le huard allemand", a lancé Castleleathers avec beaucoup de mépris, "il ne peut pas faire la différence entre un Hessian et un Macdonald."

"Venez", dit Miss Macpherson, "et dites que vous ne pensez pas mal à moi si quelque chose ne va pas."

Il lui prit la main et la serra.

« Tuts ! » il a dit. "Je ne suis pas facile à déplacer, mais j'aime un stratagème à la fois. Je me sens plus jeune ce soir que je ne l'ai été depuis dix ans. Il n'est qu'un tout petit peu Allemand après tout."

Sans un autre mot, ils atteignirent le fort, et Macpherson, qui semblait un homme capable bien que silencieux comme une digue, franchit la porte et disparut.

Ils contournèrent sans bruit le rempart extérieur et, se postant à quelques centaines de mètres des portes d'entrée, attendirent la corde.

Quelques minutes plus tard, il redescendit et, stabilisant Miss Macpherson de peur qu'elle ne devienne étourdie et ne tombe, ils commencèrent à monter ensemble et atteignirent le sommet. Là, tout était très sombre et calme, et la brume obscurcissait tout ce qui était hors de portée du bras d'un homme.

La garnison était depuis longtemps devenue imprudente maintenant que les forces des Highlands avaient été complètement dispersées et écrasées. Même le duc devenait tiède face à la persécution et impatient de faire ses adieux au pays de la neige et de la brume et d'entendre ce que Londres avait à lui dire pour ses actes courageux. À ce moment précis, il était assis en train de griller ses orteils devant un grand feu de tourbe avec une ou deux bûches pour l'allumer, un verre de vin chaud à son coude.

La pièce dans laquelle il était assis était très petite et compacte, les volets fermés et le siège dans lequel il dormait était un siège qu'il avait trouvé dans les décombres de la maison d'un chef - une chaise massive à coussins - avec un dossier si haut qu'il lui fallait un grand effort pour dormir. homme pour voir qui est entré dans la pièce.

Il avait dîné aussi bien que le permettaient les rations des Highlands et, comme tous les Allemands, il aimait sa nourriture. Il a également savouré l'heure qui a suivi son dîner. Il avait une sorte de respect pour ce moment sacré.

Se prélasser devant le feu lors de cette nuit morne de pluie froide et de brume, une nuit digne uniquement du bétail des Highlands et autres, avait ses compensations. Les derniers mois avaient apporté leur lot d'anxiété et de fatigue. La veille de Culloden avait suffi à mettre à rude épreuve n'importe quel homme. S'il avait perdu, s'il avait été pris ou tué, il ne fait aucun doute que la Couronne anglaise aurait changé de mains. Peut-être avait-il été trop dur envers les peuples barbares qui s'étaient rebellés, mais il avait peur. En y repensant maintenant, il vit qu'il avait perdu la tête pendant un moment. Et maintenant, le pays était soumis. Il pourrait revenir et écouter ce que Londres attendait de dire. Il y aurait des drapeaux , des banquets et des honneurs. L'Angleterre était à ses pieds. Le travail accompli avec succès a, en effet, ses consolations.

Il alluma le feu et écouta le crépitement du bois. C'était un bruit agréable, vif et familier par une si misérable nuit de pluie battante et de grésil. C'était bon d'en sentir la rare lueur sur ses pieds et ses genoux. Il se demandait pourquoi la situation semblait tellement meilleure par une nuit de tempête. Il cherchait dans son esprit pour une raison. Soudain, il rit. Il se souvenait du Jeune Prétendant, s'abritant pour autant qu'il savait sous un rebord de rocher dégoulinant, ou dans un étable pour le bétail. Le mauvais temps a eu deux conséquences. Il avait son réconfort pour le vainqueur : il fouettait pitoyablement le fugitif.

Il rit carrément à cette idée. Où était-il maintenant, ce jeune idiot ? Pourtant, pas si jeune – son âge en vérité solennelle. Cela lui fait d'autant plus honneur. Où était-il maintenant, sinon sur une lande ouverte, comme un courlis dans la nuit ou un cerf observant sa course.

Ses yeux se fermèrent et soudain un ronflement retentit dans la pièce éclairée par le feu.

Au même moment, une grande silhouette lourdement drapée traversa sans bruit l'espace qui séparait la porte de la table et resta là un moment comme si elle ne savait pas quelle direction prendre. Dans l'embrasure de la porte pendait un lourd rideau. Derrière cela, il y avait une autre forme. On pouvait le voir à la courbe de celui-ci à l'intérieur de la pièce.

Sur la table se trouvait un papier – une dépêche apparemment, et l'homme derrière la chaise le regardait distraitement en pensant à la silhouette silencieuse plongée dans le sommeil.

Mais pendant qu'il lisait, il fronça les sourcils, puis, très doucement, il ramassa le journal et revint vers la porte où apparut son compagnon, et ensemble ils disparurent hors de vue.

Dans une pièce voisine, ils s'arrêtèrent et se penchèrent ensemble sur la dépêche. Il était daté d'il y a deux jours, du Loch Carron, et signé par le capitaine Strange. Il déclarait que Neil Mackenzie avait rencontré Muckle John et Rob Fraser dans l'auberge du Loch Carron et qu'en tentant de les capturer, il avait souffert à la fois physiquement et en réputation, et qu'à moins qu'il ne soit autorisé à se venger d'eux, lui et ses partisans le feraient. cesser de s'intéresser davantage aux affaires du gouvernement. Que Neil

Mackenzie, lui-même, se rendait déjà à Fort Augustus pour expliquer l'affaire, et qu'il a indiqué que cela pourrait moins nuire au gouvernement si l'affaire était laissée entre les mains des Highlands. Le reste de la dépêche traitait de l'état du district, de la capture de Lord Lovat, et se terminait par ces mots : « Il y a des raisons pour lesquelles il serait opportun que ni Muckle John ni Rob Fraser ne résistent à leur procès, mais soient réduits au silence. par un autre moyen, en fait, si Votre Altesse pouvait trouver le moyen de désarmer leurs soupçons et ceux des Jacobites d'une manière ou d'une autre, cela laisserait la voie libre à Mackenzie.

"Ce Mackenzie", murmura Miss Macpherson, "je pense que c'est comme la fin de Rob. Il est évident qu'il a souffert aux mains de Muckle John..."

"Et signifie des méfaits", a ajouté Castleleathers.

Dans la pièce du couloir, les ronflements du duc roulaient paisiblement.

Miss Macpherson fit une pause, réfléchissant à la question dans son esprit pratique.

"Avez-vous déjà vu ce Neil Mackenzie ?" » demanda-t-elle enfin.

Il secoua la tête.

"Je n'ai jamais eu affaire à Mackenzie", a-t-il répondu.

"Alors pourquoi ne pas prendre sa place, mon homme ? Le duc ne peut pas distinguer un tartan d'un autre. Écoutez ce qu'il a à dire. Dites-lui que votre peuple est mortellement offensé par Muckle John."

"Mais qu'en est-il de Mackenzie lui-même ?"

Son visage se durcit.

« Mackenzie doit être envoyé pour ses affaires, dit-elle, et de plus, il ne doit jamais atteindre le Fort.

"Un stratagème à la fois", a déclaré Castleleathers, "et voilà pour le premier."

Sur ce, il recula sur la pointe des pieds et remplaça la dépêche, puis, d'un pas lourd, descendit le couloir et frappa à la porte.

"Qui est là?" s'écria le duc en sortant de son sommeil.

"Neil Mackenzie, Votre Altesse."

Cumberland poussa la chaise.

Dans la pièce, il aperçut un grand homme debout, emmitouflé dans un plaid. Il avait l'allure d'un chef voleur, mais on ne savait jamais avec ces terribles Highlanders.

"J'ai entendu parler de vous", dit le duc assez civilement, malgré sa voix dure et teutonique, "deux heures depuis que j'ai reçu une dépêche du capitaine Strange faisant état de problèmes entre vous et Muckle John."

"Mon peuple", dit Castleleathers en tournant son visage vers l'ombre, "a reçu un affront qui ne peut être effacé que d'une seule manière. Nous sommes prêts à servir le gouvernement avec loyauté et nous comptons sur Votre Altesse pour qu'elle s'en souvienne."

Le duc prit le papier et le lut attentivement.

« Ils sont tous deux de dangereux Jacobites », dit-il, « et il y a des raisons pour lesquelles Muckle John ne devrait pas subir son procès à Londres. Il en sait trop, M. Mackenzie. Il y a des choses que nous souhaitons garder pour nous pendant un moment. -vous comprenez?"

Castleleathers baissa la tête.

"Il y a aussi le garçon", dit-il.

Cumberland haussa les épaules.

"Maintenant que Lovat est pris, je ne m'en soucie plus. Mais il servira à vous mettre sur la trace de l'autre."

"Il est insaisissable, Votre Altesse – on ne sait pas comment nous pouvons mettre la main sur lui à moins que..."

"A moins que quoi ?"

"Votre Altesse pourrait paraître avoir pitié de sa jeunesse et lui accorder sa grâce. Ce serait un acte de clémence et ce qui s'ensuivrait ne ferait que révéler la jalousie du clan."

Cumberland fronça les sourcils. C'était un homme franc, avec une aversion pour le subterfuge.

"J'aime bien vos voyages dans les Highlands," dit-il d'un ton maussade, "pourquoi ne pas pendre le garçon dans le voyage ordinaire ? Muckle John est une autre affaire. Je ne vois aucune raison pour ce pardon."

Castleleathers a joué sa dernière carte.

"Il y a des roues dans les roues", dit-il, "nous savons que ce Muckle John a juré de préserver la vie du garçon. Lorsque nous aurons le garçon entre nos mains, car il reviendra à la maison après avoir reçu son pardon, nous aura l'appât pour attraper Muckle John. Deux rebelles seront partis, Votre Altesse, et personne n'est plus sage. Il y a des choses que ce Muckle John pourrait dire qui sonneraient mal dans un procès...."

"Je sais, je sais", dit Cumberland mal à l'aise, "mais il y a sûrement des chemins plus étranges..."

Castleleathers haussa les épaules.

"C'est tout ce que nous avons demandé", a-t-il déclaré, "et nous ne sommes pas un petit clan".

Le duc remarqua la menace dans sa voix et contrôla sa colère avec effort.

« À un autre moment, » dit-il, « je vous verrais assez souvent, mais j'en ai marre de toutes ces affaires futiles et des querelles d'un clan avec un autre. Faites comme vous voulez.

Il se dirigea vers la table, sortit un morceau de papier d'un tiroir et commença à écrire dessus.

"Voici," dit-il avec colère, "le pardon est pour Rob Fraser, et maintenant je n'entendrai plus parler de Muckle John."

"Votre Altesse a agi avec sagesse", dit doucement Castleleathers, et une minute plus tard, il prenait congé.

Le duc de Cumberland allait et venait, ses pensées à nouveau profondes sur son départ pour Londres et les temps courageux qui l'attendaient. On avait oublié toutes les difficultés des derniers mois : le mauvais prix et le temps maussade. Il était comme un homme qui ferait ses adieux à un pays désolé et sauvage.

"Ce n'est qu'à moitié fait", murmura Castleleathers à Miss Macpherson quand ils se retrouvèrent sur la bruyère, "il a oublié Rob et est comme un homme rongé par le désir du sud. J'ai déjà vu un tel cas. Il y a encore Mackenzie. Il peut être sur nous d'un moment à l'autre, et qu'est-ce que ça peut être, l'épée ou un coup sur la tête.

"Un Mackenzie", remarqua Miss Macpherson, comme déborder de joie à la grâce du pardon, "n'est ni ici ni là-bas, mais qu'en est-il de l'essaim ? Vous pouvez tuer une abeille, mais n'oubliez pas la ruche."

"C'est vrai", a déclaré Castleleathers, "par quel chemin viendra-t-il ?"

"Il viendra par cette même route. J'en doute, mais nous le rencontrerons d'une minute à l'autre."

Il leur fallut longtemps avant d'entendre le bruit d'un cheval remontant le vallon, et très bientôt le bruit de ses pieds dans le sol détrempé. Instantanément, ils s'accroupirent sur le chemin, puis, alors que le cavalier arrivait à leur niveau, ils relevèrent la tête et l'aperçurent d'un coup d'œil.

C'était un homme très bâti, emmitouflé dans un manteau d'équitation et avec un bonnet sur la tête.

"Un Mackenzie s'il en est", murmura Castleleathers, et en se levant, il le surprit depuis le versant de la colline et le tira de sa bête de sorte qu'il poussa un cri de surprise et s'étala dans la bruyère, les jambes en l'air. Dans le même silence sinistre, Castleleathers était sur sa poitrine et avec une dague sur la gorge.

"Est-ce que ce sera le passage rapide", murmura-t-il en gaélique, "ou jurez-vous de faire ce qui est dit ?"

Il y a eu un long silence.

Mackenzie sur le dos et impuissant comme un enfant essayait de voir le tartan de l'homme au-dessus de lui.

"Neil Mackenzie", a déclaré Castleleathers, "à moins que vous n'oubliiez ce qui vous a amené ici cette nuit, vous ne vous en souviendrez pas du tout."

"Qui es-tu?" haleta Mackenzie, essayant de voir le mieux.

"Moi", répondit Castleleathers, "je suis Muckle John."

"Muckle John ?" Il en doutait, mais il faisait noir là où ils gisaient au milieu de la bruyère.

"Qu'en est-il de cette affaire du côté du Loch Carron ?" » continua Castleleathers. "Vous vous en êtes assez mal sorti. Mais j'ai bien l'intention d'y mettre un terme cette fois. Je ne suis pas un homme patient et personne n'a de relations avec moi qui ne le regrette enfin."

"J'y retournerai", dit Mackenzie d'un ton lourd comme un homme battu une fois pour toutes.

"Vous devez dire à votre peuple que vous êtes satisfait de la réponse que le duc vous a donnée."

"Je le ferai, je le jure !"

Castleleathers recula et sauta sur ses pieds.

« Va-t-en alors ! » dit-il, "la route vers l'ouest est libre. Mais si vous rêvez de trahison, aucune puissance ne peut vous sauver."

En silence, Mackenzie attrapa son cheval et monta sur lui et prit le chemin du retour, sans aucun courage. Il chevaucha toute la nuit, et le lendemain, lorsqu'il atteignit le Loch Carron, il ne prononça aucun mot, mais avait l'air d'un homme qui craint de regarder par-dessus son épaule dans la pénombre.

Quant à Castleleathers et Miss Macpherson, étant toutes deux d'âge moyen, elles se dirigèrent avec raideur vers une auberge près de Fort Augustus.

C'est devant une bassine de brose chaude qu'il se tourna vers elle.

"J'en ai fini avec les stratagèmes comme ceux-là", a-t-il déclaré, "mais ça sent le bon vieux temps".

"Les jeunes ne ressemblent pas aux vieux", soupira Miss Macpherson.

"Aucun d'aussi vieux", répondit Castleleathers en lui souriant soudainement.

Miss Macpherson s'occupait de son assiette.

"C'est après Rob que nous devons y aller demain matin", dit-elle.

"Cela a été une excellente soirée", remarqua-t-il en hochant la tête devant le feu, "et Mackenzie a été vraiment surpris."

"Le duc n'est pas aussi difficile à gérer qu'on le dit", hasarda Miss Macpherson.

"Jeune sang", grogna Castleleathers, "il n'a besoin que d'être géré."

"Vous êtes tous pareils", murmura sournoisement Miss Macpherson.

CHAPITRE XXIII

LA MAISON DES QUATRE HOMMES

Il y a peu de choses à dire sur le voyage de Rob vers le sud jusqu'à ce qu'il atteigne Rannoch, le pays des Robertson et des Stewart, et d'autres clans plus enclins à faire les poches qu'à crier "Vite à Dieu".

Le soir qui suivit le départ de Muckle John, Rob avait troqué sur la route avec un colporteur contre un complet de vieux vêtements, et trop craintif pour l'avenir pour refuser le prix exorbitant demandé, il lui donna de l'argent et enterra son kilt dans une cave. piscine de montagne.

Et ainsi, avec plus de confiance, il s'avança vers le sud et atteignit le Loch Linnhe sans incident. Son intention était d'éviter tout le quartier autour de Fort William en prenant le bateau de l'autre côté.

De cette manière, il traversa Glencoe et, voyageant de jour, atteignit la tête du Loch Rannoch dans un crépuscule de pluie battante.

Aujourd'hui, le pays qui comprend Rannoch, Lochaber et Breadalbane n'avait à cette époque aucun rival en matière d'insubordination. Elle grouillait d'hommes brisés – des voleurs de bétail et des desperados de toutes sortes qui n'étaient fidèles qu'à leur propre bon plaisir, et seulement jacobites dans la mesure où cela était politique, et avec un œil constant sur le pillage des Lowlands.

C'est donc d'un pas anxieux que Rob s'approcha d'un groupe solitaire de bâtiments situés dans un creux douillet des collines, au toit de chaume de la couleur des arbres bruns, avec çà et là une parcelle de jeune bruyère au sommet. C'était étrangement caché et calme, avec tout l'aspect d'une vieille auberge tombée aux mauvais jours.

Pendant longtemps, Rob l'a regardé avec des yeux dubitatifs ; il y avait si peu de vie là-dedans, et tellement de choses mystérieusement menaçantes. Bien qu'inondé par la fine pluie de la colline, avide de nourriture et d'abri, il était à moitié décidé à poursuivre son chemin, quand le visage d'un homme regarda à travers le petit trou dans le côté qui servait de fenêtre - un visage vert-blanc. c'était le cas, avec des yeux fixes et inébranlables.

Mais là où il y avait une âme vivante, il y avait de la nourriture et un abri et Rob s'avança, oubliant sa peur secrète. À l'intérieur de la place, cependant, il n'y avait aucun bruit, mais seulement le ruissellement monotone de l'eau sur le sol boueux. Au centre de la pièce, un grand pot était suspendu à une chaîne accrochée au toit, et l'endroit était si plein d'odeur de tourbe qu'il lui fallut quelques minutes pour voir où l'homme était allé.

Contre le mur se trouvaient des couches de joncs, et un escalier étroit menait à une sorte de grenier à six pieds au-dessus du sol. Sous le grenier se trouvaient les vaches. Il les entendait tousser par intermittence à travers la cloison en bois.

C'était un endroit assez pauvre et il y avait des fuites par une vingtaine de trous, mais il faisait chaud, et il était si fatigué qu'il s'assit devant la tourbe et se réchauffa les mains.

Bientôt, la porte s'ouvrit et l'homme rentra. Rob se demandait comment il avait réussi à en arriver là. Il sursauta en voyant Rob, mais lui souhaita le bonjour assez poliment et lui demanda s'il pouvait lui fournir quelque chose. C'était un type jaunâtre et secret, avec une barbe et des cheveux emmêlés et un regard terrible.

"Vous passez peut-être par le sud", dit-il en s'occupant des lieux.

Avec un certain malaise, Rob répondit qu'il se rendait à Édimbourg pour chercher un emploi.

"C'est un Stewart que tu seras ?" remarqua l'homme en plissant terriblement les yeux.

"Non", a déclaré Rob, "je suis un Fraser."

"Un Fraser", répéta-t-il, "je suppose que vous pouvez payer votre place."

"Je peux le faire", dit Rob avec une certaine indignation de peur d'être renvoyé sous la pluie, et avec l'idée stupide que l'homme pourrait être utile, il sortit une douzaine de pièces d'argent et les fit tinter dans sa main ouverte.

Dans la fumée bleue de la place, l'homme s'arrêta. Il restait parfaitement immobile, son horrible regard accentué. Puis, mettant de la viande dans la marmite, il posa le couvercle et se dirigeant vers la porte, il parla à quelqu'un dehors. Il fit cela avec tant de désinvolture que Rob ne se doutait de rien, mais il resta assis devant la lueur chaude, complètement épuisé et stupide de fatigue.

Il devait être vers huit heures du soir qu'il termina son souper et demanda à être conduit à un endroit où dormir. C'est ce que fit l'aubergiste très volontiers, en éclairant l'escalier étroit menant au grenier et en lui montrant un tas de bruyère sèche dans un coin. Dans la nuit, la pluie tombait lamentablement et en dessous de lui, Rob pouvait entendre la respiration chaude et confortable des vaches. Pourtant, malgré sa fatigue, une curieuse crainte de s'endormir l'envahit. Il y avait quelque chose dans cet endroit qui lui mettait les nerfs à rude épreuve. Était-ce le silence étrange de cet endroit perdu dans le coude solitaire du loch ? Mais cela n'avait rien de nouveau pour lui. Était-ce les étranges mouvements félins de l'homme au strabisme ? Mais c'était probablement une créature assez décente, peu habituée aux étrangers. Ou y avait-il un danger qui se cachait dans cet endroit, des souvenirs d'horreurs commises là-bas dans l'obscurité noire ? Sa main chercha instinctivement le poignard à ses côtés.

C'était parti !

En un instant, il fut sur pied. Que l'homme en bas l'ait volé ou non, il n'osait pas prendre le risque de rester sans arme dans cet endroit solitaire. Il doit se frayer un chemin dans la nuit et compter sur la fortune pour échapper aux poursuites s'il y en avait.

Très doucement, il tâtonnait, cherchant une fenêtre ou une trappe. Mais il n'y avait aucune issue. Sous la porte menant à l'escalier brillait un rayon de lumière projetée par le feu de tourbe en dessous, et à un endroit où le bois avait été mangé par des souris, il y avait un trou rond assez grand pour dominer la pièce en dessous. Il s'allongea et baissa les yeux.

À sa grande horreur, quatre hommes étaient rassemblés autour du feu : l'aubergiste et trois personnages en haillons et accroupis, avec des visages de cruauté et de meurtre inscrits sur leurs visages. Ils étaient vêtus d'un tartan si sale et taché de pluie et de boue que Rob ignorait leur clan. Ils étaient hirsutes comme des bêtes de bétail, des gars sales et noircis par la fumée, de taille inférieure à la moyenne, actifs comme des chats sauvages et bavardant à voix basse comme une bande de singes non lavés. Même parmi les restes de l'armée du Chevalier, Rob n'en avait pas rencontré de tels. Ce n'est qu'à Lochaber et Rannoch qu'on pouvait trouver de tels décapages de clans jusqu'à ce que l'on rencontre les Macgregors rouges que la Providence défend.

L'aubergiste tournait le dos à l'escalier, mais d'un mouvement de ses mains, Rob lut ce qu'il disait comme une page ouverte. Il leur parlait de l'argenterie que lui, dans sa témérité, avait exposé.

Dans la lumière rouge du feu, Rob pouvait voir leurs yeux briller sous leurs cheveux emmêlés. D'un regard hypnotisé, il observait un homme dégainer son poignard et faire un geste assez significatif, et avec un gargouillis dans la gorge ne nécessitant aucune explication. Cela devait donc être la fin de tout : un meurtre secret perpétré par une bande de caterans anarchiques prêts à s'en prendre à tout étranger assez malchanceux pour mendier une nuit d'hébergement. Il ne reverrait plus jamais Muckle John. Cela l'a amené à se demander ce qu'il aurait fait pour sauver sa vie. Muckle John a toujours eu un moyen.

IL REGARDAIT L'UN DES HOMMES DÉGAINER SON DIRK ET FAIRE UN GESTE ASSEZ SIGNIFICATIF.

En bas, les hommes s'étaient levés. Il les voyait debout, seuls, la tête rapprochée, et la barbe remuée en chuchotant. Puis, un à un, ils s'approchèrent de l'escalier. Une terreur sauvage le saisit à cela. Le doux tapotement de leurs brogues sur les barreaux de l'échelle et le craquement de celles-ci sous leur poids étaient comme le faire crier.

En reculant, il se tenait sur la trappe dans l'espoir vide qu'ils ne pourraient pas la soulever. Un instant, et il le sentit se soulever légèrement sous lui. Il fut livré doucement, comme si l'homme sur l'échelle soupçonnait qu'il serait raide ou difficile à repousser.

Et puis ce fut un silence absolu.

Se doutaient-ils qu'il était réveillé ? Rob a écouté attentivement. Mais ce qu'il entendit, c'est que l'aubergiste leur ordonnait doucement de rentrer, et à ce moment-là, une voix d'homme retentit dehors, dans la nuit.

Une fois de plus, Rob s'allongea sur le sol et regarda en dessous. Autour du feu, les hommes étaient assis comme avant. Dans l'embrasure de la porte, l'aubergiste se tenait debout, la lueur du feu sur le dos. Dehors, on entendait le bruit humide d'un cheval qui perdait prise dans un terrain détrempé, et de nouveau une voix criait :

"Peux-tu m'abriter ?"

Avec un regard en arrière, l'aubergiste disparut, laissant ces silhouettes accroupies complètement silencieuses. Pour Rob, un éclair d'espoir s'enflamma soudainement. Qui pourrait dire s'il ne s'agit peut-être pas d'un ami en détresse ?

Il entendit l'aubergiste ouvrir la porte de l'étable au-dessous de lui et faire caler le cheval ; mais il ne bougeait jamais dans son empressement à surveiller qui entrerait dans la place. Soudain, un homme regarda le groupe autour du feu et hésita comme s'il souhaitait reprendre la route. Puis, entrant, il ôta son manteau.

C'était John Murray de Broughton.

Les trois hommes autour du feu ne faisaient aucun mouvement, menaçant ou autre. Ils s'accroupirent comme auparavant, le regardant sous leurs sourcils hirsutes.

Murray, qui n'était pas un lâche dans des circonstances ordinaires, mais seulement très nerveux et avec la prudence des Lowland, se tenait hors de leur portée, manifestement mal à l'aise, attendant le retour de l'aubergiste.

Pour Rob, il avait l'air très usé et les joues creuses, et ses vêtements bon marché et mal ajustés ressemblaient à la robe d'un petit fermier de l'Ayrshire. Une épée était à son côté et il y avait un renflement dans la poche de son manteau comme la crosse d'un pistolet, mais Rob n'en tirait guère de réconfort, sachant à quel point la défense d'un homme seul comme Murray serait mise en place sous une attaque rapide.

L'aubergiste rentra dans la chambre et, fermant la porte, la barra avec une lourde plaque de bois. Pour le bonheur ou le malheur, ils restèrent là jusqu'au matin.

Il fit signe à Murray d'avancer sans rien dire, et les hommes autour du feu lui firent de la place, le surveillant tout le temps comme des chiens regardent un étranger, prêts à un mot à se jeter à sa gorge.

Murray hésita avant de s'asseoir et de jeter un rapide coup d'œil autour de la pièce. Rob eut soudain envie de crier un avertissement et de sauter pour le rejoindre avant qu'il ne soit trop tard. Mais il savait qu'ils termineraient leur mauvaise œuvre avant même qu'il puisse y participer.

L'aubergiste remuait la marmite en fer et en tirait un morceau de viande sur un dard. Il le tendit à Murray, qui le prit d'un air découragé et commença à manger, et très doucement, tandis que Rob le regardait avec horreur, il se plaça derrière lui. Mais il n'a lancé aucune attaque. Au lieu de cela, il secoua la tête en direction des autres et montra du pouce la pièce où Rob était allongé et les regardait. Ils avaient évidemment l'intention de les tuer tous deux en même temps.

Sous lui, le cheval toussait et faisait claquer son mors. Seulement quelques centimètres de bois entre lui et la sécurité – seulement une fine couche de bois pourri. Un rat rongeait dans un coin éloigné ; il l'entendit grincer dans l'obscurité. En bas, ils étaient assis, bouche bée devant le feu, attendant que le nouveau venu cherche le sommeil. Murray était blanc et maussade, ne connaissant aucun gaélique, certain que le danger était autour de lui, hochant la tête de lassitude et s'arrêtant toujours de peur de ce qui attendait son heure pour frapper. En toute hâte, Rob examina le sol du loft. Ses doigts couraient le long des bords des planches. Aucun défaut, aucun grain éclaté, aucun effritement de planche vermoulue. Le rat rongeait toujours avec une insistance constante le coin le plus éloigné. Il y avait peut-être un moyen d'y arriver. Il tâtonna et ses mains rencontrèrent un sac appuyé contre le mur. C'était très lourd mais il l'a déplacé progressivement. Le rat s'est enfui et est sorti de la pièce. Il l'entendit tomber sur la boue molle en contrebas, et sur son visage montait l'odeur chaude des vaches.

À bout de souffle, il examinait le sol derrière le sac et, dans le coin où se trouvait la chose, ses mains tâtonnaient, vides. Il y avait un trou d'un pied de large. Sans tarder, il saisit entre ses doigts puissants et musclés le bord effiloché où le rat avait rongé et, posant ses pieds contre le mur en face de lui, il tendit de toutes ses forces.

Avec un craquement sec, il s'est détaché sur deux bons pieds. En dessous, le cheval renifla de peur soudaine ; il semblait n'être qu'à quelques centimètres sous sa main. Allongé de tout son long, il s'étendit dans l'obscurité totale et toucha son oreille, l'apaisant avec un murmure.

La voie était libre.

Puis, reprenant ses pieds, il retourna furtivement à l'autre bout de la place et regarda les hommes en contrebas. C'était un spectacle curieux, quelque peu pathétique, qui se présentait à ses yeux. Murray était debout et leur souhaitait une bonne nuit. Il avait l'air de savoir dans son cœur quel acte ils avaient l'intention de faire, et il était sur le point de faire appel à leur chevalerie (s'ils en avaient), et pourtant trop fier pour le faire. Finalement il se contenta de s'incliner et, prenant une lampe de poche des mains de l'aubergiste, il monta lentement l'escalier et souleva la trappe.

Il était maintenant évident pour Rob que si Murray, perturbé par la maladie et la fatigue, survenait soudainement, il pourrait hésiter ou pousser un cri, et c'est pour cette raison qu'il se cacha derrière le sac jusqu'à ce qu'il soit dans la pièce et que la trappe se ferme. , quand il murmura : « M. Murray, M. Murray », aussi doucement qu'il le pouvait.

Il y eut un son aigu comme un halètement, et Murray répondit sur le même ton : « Qui est-ce ?

Le doigt sur les lèvres, Rob apparut devant lui.

"Rapide!" murmura-t-il, soulevez le sac avec moi et posez-le sur la trappe. Il servira quelques minutes. Ce sont des égorgeurs là-bas.

Pendant un instant, Murray tâtonna avec son épée puis, se contrôlant, il aida Rob, même si sa force n'avait pas beaucoup de valeur dans un tel moment.

Heureusement pour eux, les quatre hommes en bas travaillaient dur ensemble, chuchotant en gaélique et visiblement hautains au sujet des affaires à venir, de sorte qu'ils n'entendaient pas le mouvement du sac. Cela accompli, Rob a attiré Murray vers le coin le plus éloigné.

« Votre cheval est en bas, dit-il ; " Descendez et apaisez-le pendant que j'attends au cas où ils viendraient. Donnez-moi votre épée. Conduisez-le sur la route et je vous y rejoindrai. "

C'était étrange de recevoir des ordres d'un garçon, mais Murray n'avait pas le choix dans de telles circonstances. Il n'était pas un Highlander et n'avait aucune fierté stupide. Sans un mot, il se glissa dans l'obscurité de la stalle, et Rob l'entendit caresser sa bête et la tourner vers la porte.

Au même moment cependant, il y eut un bruit au niveau du sac qui envoya Rob à travers le sol avec la lame d'épée nue à la main.

La trappe se souleva très lentement ; une main se glissa sous le rebord et agrippa la planche rugueuse à quelques centimètres de Rob. Il n'y avait pas un instant à attendre. Tombant à genoux, il se précipita dans l'obscurité. Instantanément, un cri des plus horribles s'éleva, quelque chose tomba avec un bruit sourd, et la trappe heurta la lame, la faisant frissonner de la garde vers le bas.

À cause de sa folie, Rob se retrouvait à nouveau sans défense.

Mais il y avait bien pire à venir, car au bruit de cette terrible voix frappée, il y eut une chute sauvage d'un cheval dehors et un bruit sourd de pas. Murray de Broughton était parti. Peut-être que sa bête s'est enfuie de terreur ; peut-être avait-il attendu et redouté que Rob soit tué – qui peut le dire ? Il était de tous les hommes celui qui supportait le moins le suspense.

À cette calamité, Rob fut saisi d'une terreur sauvage à l'égard des lieux et d'une panique à l'idée de s'en aller. Il atteignit le trou dans le coin et se laissa tomber sur la boue en contrebas. La pluie fraîche soufflait sur son visage depuis la porte ouverte par où Murray était passé. Il s'y précipita et s'enfonça dans l'obscurité amicale où il s'arrêta.

Aucun mouvement ne venait de l'auberge solitaire – pas de cris ni de bruits d'aucune sorte, seulement un calme maussade et mortel, comme si l'endroit était inhabité ou rempli de fantômes. Dans une sorte d'horreur épouvantable, il hésita puis recula, envahi par une curiosité trop écrasante pour être écrasée. Il revint et jeta un coup d'œil dans l'étable. Mais il n'y avait aucun bruit, pas même celui d'un rat qui rongeait le bois. Il faisait froid et abandonné. Il contourna le mur extérieur en toute sécurité, la nuit, quoi qu'il arrive, et regarda la porte noire par laquelle il était entré au crépuscule, ne voyant aucune lueur de feu brillante sur le mur.

La pluie s'était arrêtée d'un coup, et une faible lueur d'étoile apparaissait dans l'embrasure de la porte, noire et vide. Il n'y avait pas de porte mais seulement un tas de pierres. Il se rapprocha, jusqu'à ce qu'il puisse enfin regarder dans la pièce elle-même.

Et là-dessus, il prit ses talons et courut aveuglément dans la nuit, n'importe où, pourvu qu'il soit bien loin de cette maison sinistre et désolée.

Car dans la pièce il n'y avait ni feu, ni escalier, ni aucune trace d'âme vivante. Rien qu'une ruine vide et sans toit à ciel ouvert.

CHAPITRE XXIV

LA FIN D'UN CONTE

Durant toute cette nuit de pluie et de larmes, Rob a voyagé vers Glen Lyon, heureux de chaque pied de bruyère entre lui et l'étrange maison au bord du loch. En traversant le pays des Mackenzies, il atteignit Killin et y rencontra une bande de bohémiens assis autour de leur feu de camp. Ils étaient une vingtaine, hommes, femmes et petits enfants bruns, et ils l'accueillaient pour partager leur viande de la manière la plus aimable, sans poser de questions et ne manifestant aucune curiosité pour ses affaires. Seul le chef connaissait le gaélique, et il était d'autant plus disposé à entendre les nouvelles du nord de la part de Rob, qui comprit que son affection pour les tuniques rouges n'était en aucun cas chaleureuse.

Rob a accepté sa gentillesse avec un scrupule de reproche. Il lui était soudain venu à l'esprit qu'en acceptant une telle hospitalité, il les exposait à la vengeance du gouvernement. Une telle perspective n'était pas envisageable.

"Laissez-moi vous parler seul", dit-il au chef.

Dans l'intimité de la tente, il lui raconta tout.

"Je n'essaierai pas de nier," dit-il, "qu'il y a ceux qui donneraient beaucoup pour me capturer, non pas à cause d'une quelconque importance que je pourrais avoir, mais à cause d'une autre..."

Le bohémien suivait ses paroles avec une attention inexpressive. Puis il se leva et sortit un papier de sa poche.

"Lis," dit-il simplement.

Il s'agissait d'un avis du gouvernement à afficher sous des gibets et autres, laissant entendre que quiconque en poserait un, Rob Fraser, par les talons, mort ou vif, recevrait une récompense de cinquante livres. Rob est devenu froid face à cette formulation épouvantable. Il le décrivait minutieusement et ajoutait qu'il avait été vu pour la dernière fois avec le célèbre rebelle appelé "Muckle John".

"Tu savais?" dit-il enfin.

L'autre rit doucement.

"Qu'importe?" répondit-il, "mais je vous remercie de votre confiance, et la prochaine fois que vous verrez Muckle John dire que Gloom le Gitan ne l'a pas oublié."

"Es-tu un ami de Muckle John ?"

"Je peux être considéré comme tel, même s'il ne manque pas d'amis ni d'ennemis."

"Mais je ne peux pas mettre votre peuple en péril, c'est plus que raisonnable."

" Rob Fraser, " dit Gloom très gravement, " vous êtes pour ainsi dire pris. Les soldats vous surveillent sur la Highland Line, et d'ici à Stirling, il y a des espions. Demain, nous vous transporterons à travers Balquhidder, car si vous tombiez sous le coup des caterans sauvages là-bas, ce ne serait qu'une courte journée pour vous.

"Balquhidder... j'ai entendu le nom..."

Il a carrément ri de ça.

"Il est clair que vous êtes nés dans le nord", dit-il, "il y a plus de voleurs à Balquhidder qu'à Lochaber même."

En effet, reconnaissant pour sa bonne fortune, Rob souhaita bonne nuit à son ami et, s'allongeant devant le feu, il s'endormit bientôt profondément.

A l'aube, ils marchèrent vers Crianlarich où ils se dirigèrent vers la bruyère, et traversant les collines tombèrent sur le Loch Doine à la tête de Balquhidder. Alors qu'ils pénétraient dans la plaine au sommet du lac, ils passèrent devant une maison carrée au toit de chaume au pied de la pente faisant face au ruisseau ambré.

"C'est Inverlochlarig où Rob Roy est mort", a déclaré Gloom. "Je me soucie bien de lui, un grand homme rouge au cœur d'or. Mais ses fils sont des corbies, et j'espère que nous ne les rencontrerons pas."

Tout au long du ruisseau, les cottages des Macgregors se regroupaient, avec le mince voile d'odeur de tourbe suspendu au-dessus d'eux dans une sorte de brume.

Sans s'arrêter, ils traversèrent le terrain plat et marécageux qui s'étendait entre les deux chaînes de montagnes et s'approchèrent d'une petite maison compacte de l'autre côté de la brûlure.

"Nous nous arrêterons ici pour la nuit", dit Gloom, "et peut-être qu'Invernenty nous verra. Il n'est pas un ami des Macgregors, étant le fils de John Maclaren qui a été assassiné par Robin Oig."

Laissant Rob, il traversa le ruisseau étroit et frappa à la porte et échangea quelques mots avec une femme qui l'ouvrit. Mais à tout cela, elle se contenta de secouer la tête, et il revint quelque peu déconcerté.

"Elle dit qu'Invernenty n'est pas chez lui", dit-il en l'appelant par le nom de sa maison, "et pourtant je doute d'elle à moins qu'il ne soit emmené."

Sans tarder, ils installèrent leur camp et, dans la journée, plusieurs Macgregors vinrent les observer en secret, des hommes rouges en tartan rouge, des gars hargneux et au sang chaud.

Rob, mal à l'aise dans un pays étranger, resta en retrait, mais dans l'après-midi, voyant une grande foule d'entre eux rassemblés autour d'un endroit au sommet du vallon, il accompagna Gloom, fatigué d'être assis seul.

Les Macgregors, accompagnés d'une poignée de Maclarens, manipulaient une curieuse pierre lisse percée de trous pour un doigt et un pouce, et rivalisaient les uns avec les autres pour la soulever sur un petit rocher situé à proximité.

Un grand homme sombre, à l'air sombre, appuyé sur une béquille grossière et au visage pâle et harcelé, observait la scène d'un peu de distance. Il portait des vêtements d'équitation et une capote bien boutonnée, comme s'il était malade. Rob était sur le point de demander qui il était lorsqu'il se rendit compte de l'examen minutieux de l'autre.

Il y avait quelque chose de dangereusement intéressant dans la façon dont il regardait – le capturant de ses yeux sombres et rusés, mesurant sa taille dans son esprit – l'ensemble de son visage, évoquant chaque détail avec circonspection.

"Gloom", dit Rob dans un murmure, "il y a un homme sur le Brae qui a une idée de qui je suis."

Très négligemment, le bohémien se retourna.

« Malheur, murmura-t-il, mais c'est James More, fils de Rob Roy, nouveau venu de Culloden. Il a été blessé, n'est-ce pas ?

Actuellement, sans un mot ni aucun signe, James Macgregor s'éloigna péniblement et entra dans Inverlochlarig.

"Allez, Rob," dit Gloom, "je ne ferais pas confiance à cet homme. Il prépare des méfaits, et c'est assez comme si nous étions meilleurs à Glenbucket qu'ici."

La soirée avançait, mais il n'y avait aucun signe de problème. Mais au lever de la lune, une grande femme décharnée, coiffée d'un plaid sur la tête, demanda un mot à la bohémienne. Ils se séparèrent ensemble et conférèrent à voix basse. Et puis, aussi silencieusement qu'elle était venue, la femme disparut dans l'ombre.

"Rob," dit Gloom, "il y a un danger menaçant. Quand n'y avait-il pas eu dans ce pays sauvage ? Qui pensez-vous que c'était ?"

Rob secoua la tête.

" Qui d'autre que John Maclaren lui-même, nouveau venu après avoir donné congé aux tuniques rouges sur la route de Carlisle. Il dit que James est à la hauteur de ses farces et que le clan est mort de peur à la simple vue de vous dans le cœur de leur pays. Nous devons partir, Rob, et convoquant ses hommes, ils se préparèrent à partir, laissant leurs feux de camp allumés au cas où leur fuite serait suspectée. Ils traversèrent la fente des collines, traversèrent le sommet de Beinn-an-Shithein et tombèrent sur Strathyre et le château de Murdoch.

"Il y a un homme étrange qui vit là-bas", dit le gitan à Rob, "c'est assez probable qu'il nous enverra des informations sur nos affaires si nous arrêtons."

"Qui es-tu?" » grogna une voix à ce moment-là depuis le mur de la place, « vous ne pouvez pas rester ici. »

La lune s'était levée et sous ses rayons clairs Rob leva les yeux et aperçut un homme aux cheveux blancs qui les observait depuis le rempart.

« De quel genre de rôdage nocturne s'agit-il ? il pleure.

"Je suis Gloom", répondit le bohémien.

"Et qui est-ce avec toi, ce n'est pas un des tiens."

"C'est un ami, Murdoch."

"Amenez-le ici, c'est un mauvais moment pour les amis", et il disparut.

Quelques minutes plus tard, ils le virent traverser la cour, une lampe ballottée à la main, boitant à cause d'une jambe droite courte, et fronçant les sourcils alors qu'il regardait à travers les grilles de fer brisées.

" Approche-toi, " dit-il d'une voix rauque, " espèce de garçon avec les chaussures empruntées. "

Rob fit un pas vers lui pour que la lumière se répande sur ses traits.

« Humph ! » grogna Murdoch en levant les yeux vers le bohémien, "c'est une drôle de compagnie qui vous occupe, mon homme. Savez-vous qui c'est avec son visage innocent et ses yeux bleus musclés ? C'est le garçon de Muckle John."

"Whist!" prévint Gloom, "les rochers eux-mêmes ont des oreilles".

A ce moment, une petite fille arriva en courant dans la cour.

« Qu'avez-vous dit de Muckle John ? elle a demandé.

"Allez dans votre lit, Ethlenn", cria le vieil homme. "Janet, va-t'en avec le petit."

Une femme est sortie en courant au crépuscule. Il y eut un bruit de pleurs soudains et une porte claqua.

"Pouvons-nous passer la nuit ici ?" » demanda la bohémienne, mais avec un cœur assez pauvre.

" Attendez la nuit, " répéta brusquement Murdoch, " attendez la nuit en compagnie de vous ? Pouvez-vous... par les chiens de Lorn, je pense que vous êtes fous. Qu'est-ce que je vous ai déjà fait pour que vous me rendiez si idiot ? -comme une proposition ?"

"Cela ne sert à rien, Rob," dit tristement Gloom.

Avec une sorte d'horreur face à sa propre notoriété, Rob se détourna et descendit la pente. Il entendit la voix de Murdoch s'élever dans une colère aiguë et tomber dans le néant au gré du vent. Derrière lui se pressaient les bohémiens, sans se plaindre mais découragés, affluant vers Strathyre.

Et ainsi, traversant le village endormi, ils atteignirent l'étroit défilé à la tête du Loch Lubnaig, et en montant le flanc de la colline, ils passèrent une nuit maussade.

C'est juste avant l'aube du lendemain que Rob prit une décision, qui lui paraissait la seule chose sage et honnête à faire. Il écrivit une brève note à Gloom pour le remercier de sa grande gentillesse, et précisant qu'il serait loin vers le sud dans la matinée.

Puis, s'avançant entre les formes endormies des bohémiens, il descendit sur le loch et partit au trot vers Kilmahog.

Plusieurs jours plus tard, des jours remplis de dangers et de voyages intenses, Rob atteignit Édimbourg et erra dans High Street. Il avait réussi à acheter un autre ensemble de vêtements, et pour le moment il se considérait en sécurité, et le lendemain il aurait rendez-vous avec Muckle John à Leith.

Vers midi, il aperçut un grand carrosse qui marchait lourdement sur les pavés grossiers, en cahotant et en gémissant, et autour de lui un groupe de dragons. Une peur soudaine l'envahit : il s'agissait peut-être d'un prisonnier, qui le savait – peut-être Muckle John lui-même.

Il s'est frayé un chemin vers le devant de la foule. Les dragons claquaient plus près, un spectacle plus courageux que lorsqu'ils étaient entrés dans cette même rue en 1945. Les chevaux qui se tendaient vers le carrosse étaient désormais à sa hauteur, et il se pencha en avant, les yeux rivés sur la fenêtre. Ce ne fut qu'un éclair, mais il ne l'oublia jamais.

Car se précipitant en avant, lorgnant grotesquement, soit par dérision, soit par une émotion similaire, était assis Simon, Lord Lovat, à destination de Londres et de Tower Hill.

Ses petits yeux astucieux parcourant la foule se posèrent un instant sur Rob et se contractèrent soudainement comme s'il se souvenait à moitié de lui, mais n'en était pas sûr. Puis il est parti, et ce fut la fin du Fraser.

La scène a dégrisé le peu d'imprudence qui restait chez Rob. Cela lui faisait moins marcher à l'étranger. Le bras de la loi était long, mais celui du gouvernement était plus long.

Cet après-midi-là, il eut plus d'une fois la curieuse intuition qu'il était suivi. Ce n'était peut-être qu'un accident, mais il avait croisé à deux reprises deux vauriens affalés et froncés, et à chaque fois ils l'avaient regardé très attentivement et l'avaient regardé par-dessus leurs épaules.

Finalement, vaincu par la peur d'être capturé, il s'était enfui et courait de près en loin, ne connaissant pas du tout la ville, mais désireux seulement de se débarrasser de toute ombre. Après avoir doublé et esquivé pendant une bonne demi-heure, il se réfugia dans un ancien escalier à côté du White Horse Inn, et là il attendit de voir ce qui allait se passer et s'il y en avait vraiment sur ses traces. C'est environ cinq minutes plus tard que le bruit d'un homme haletant dans l'allée l'a poussé à descendre pour voir qui était arrivé si précipitamment. À son grand désarroi, c'était l'un des flâneurs de l'après-midi, et l'autre sur ses talons. Ils passèrent en courant et leurs pas s'éteignirent.

Puis, accélérant dans la direction opposée, Rob trouva un logement dans une autre auberge et dormit longtemps le lendemain, le jour où il devait rencontrer Muckle John et gagner enfin la liberté. Après toute l'agitation et la détresse des semaines qui ont suivi Culloden, c'était une sensation assez étrange de penser aux grandes villes à venir en Hollande ou en France, où il n'y avait pas de nécessité absolue de garder un œil par-dessus son épaule et l'autre tourné vers le bout. de la rue, et où un Jacobite n'était pas considéré comme de la nourriture pour l'arbre à potence le plus proche.

En pensant ainsi (et pourtant avec appréhension pour tout cela), Rob quitta astucieusement Édimbourg et se dirigea vers Leith, et de nouveau la peur effrayante d'être suivi s'empara de lui. Le soleil tombait quand il aperçut le gibet solitaire dressé contre l'horizon. Sur celui-ci, le corps d'une créature malheureuse se balançait dans ses chaînes ; il pouvait à peine percevoir le morne grincement du vent.

Il regarda en arrière pour la vingtième fois. Mais tout le paysage désolé semblait vide d'âme vivante ou de bête.

Et pourtant, il aurait juré avoir vu une tête esquiver derrière la touffe d'herbes grossières, juste au sommet du monticule. Il en était si sûr qu'il revint en courant, mais lorsqu'il l'atteignit, il n'y avait rien. Puis, se penchant comme un vrai montagnard lisant le sol, il aperçut la nouvelle marque d'une botte dans le sable mouillé.

Il y avait un danger qui rôdait parmi les dunes, et toujours aucun signe de Muckle John.

Sur le Firth of Forth, un navire remontait sa toile au vent, ce qui le faisait se demander vainement si Muckle John n'était pas déjà à bord, partant pour la France.

Et puis la lumière du soleil s'est estompée et la grisaille de la pénombre est apparue de la mer.

Clink, clink, faisaient les chaînes sur l'arbre du gibet abandonné, et avec une note plus rouillée plus profonde tandis que le bois gémissait et frissonnait dans ses articulations.

Il remonta lentement le chemin sablonneux en pente. Au-dessus de lui, dans le noir du ciel du soir, se balançait le mort – un pauvre homme peut-être moins coupable de tort que lui-même.

Puis, assis sur un tas de sable, à côté du triste fardeau au refrain lugubre, il attendit ce qui pourrait arriver. Il savait instinctivement qu'un danger se préparait, mais sa grande dépendance envers Muckle John semblait presque dissiper ces périls. Il y avait une montagne de force chez Muckle John.

L'obscurité tombait rapidement quand tout à coup, comme le bond d'un léopard pour sa rapidité, un homme se trouva sur le dos et le creux de son bras autour de sa gorge. Poussant un faible cri, Rob tomba en arrière, et avant de pouvoir se relever, ses jambes furent saisies par un autre homme et un troisième se jeta corps sur sa poitrine.

Pour Rob, la question de la France était réglée. Ce fut une fin assez triste à toutes ses courageuses aventures que d'être renversé par trois vagabonds sur les sables de Leith et ligoté comme une poule.

Mais il y avait plus que cela.

Car du crépuscule est sorti un homme de grande taille qui marchait à loisir, et avant même qu'il ait parlé, Rob l'avait reconnu pour son nom de Capitaine Strange.

"Eh bien," dit-il doucement, "donc c'est la fin, Rob, et quel endroit de bagarre, bien sûr. C'était presque tentant la Providence avec cette créature tintante de vous avertir."

Il fit signe aux hommes de les quitter et, s'asseyant, il commença à parler d'une manière affable et agréable, comme s'il discutait du temps ou du prix des actions.

« Écoutez, Rob, » dit-il, « je sais très bien qui vous attendez. C'est Muckle John en tout cas, et ce que j'ai en tête, je dois le dire rapidement. Maintenant, nous voulons que cette petite affaire soit menée à bien rapidement et avec diligence. Nous ne voulons pas de farces, remarquez, et vous connaissez Muckle John comme un homme aussi plein de tours qu'un singe. Je veux que vous restiez assis ici, Rob, jusqu'à ce qu'il vienne, et que vous me promettiez de ne pas lui dire un mot. faites-le réfléchir. Si vous accomplissez cela, je vous dirai ce que je peux le moment venu.

"Je crierai un avertissement pendant que j'ai du souffle dans mon corps", a crié Rob.

"Très bien," répondit Strange, "très bien ; dans ce cas, je vais sûrement vous bâillonner, et voilà."

Sur ce, il fourra un morceau de tissu dans sa bouche et attacha un bandage autour de ses joues. Puis, se levant d'un bond, il écouta attentivement. Très faiblement, un sifflement s'élevait du sable. Au-dessus des chaînes du gibet craquaient et, dans le silence tragique du crépuscule, l'homme marchait péniblement vers sa perte.

Strange s'est précipité dans les dunes pour chercher ses hommes : c'était comme si on y allait fort avec Muckle John.

Tout était fini lorsque le nouveau venu se pencha sur Rob. Avec un cri étouffé, il tomba et se releva, et se tordant spasmodiquement, il fut assommé jusqu'au silence. De par sa taille, Rob savait que ce ne pouvait être autre que Muckle John.

"Une lumière!" s'écria Strange, très heureux de tout cela.

Ils rapprochèrent une lanterne et retournèrent leur prisonnier sur le dos.

Et là, les regardant avec une rage apoplectique, se trouvait James Fraser de Castleleathers. Ce fut un moment plein de culot pour Strange.

Quant à Castleleathers, un brave homme, très meurtri et égratigné et avec une bosse semblable à un œuf sur la tête, c'était une pitié qu'il n'ait pas le souffle pour exprimer ses sentiments à ce sujet. Mais quand il l'a fait, il n'a fait qu'ajouter à la mortification de Strange. Car après avoir entendu parler du projet de capturer Muckle John qu'il ne pouvait (étant un Hanovrien déclaré) critiquer négativement, il exprima un profond regret de ne pas avoir séduit le rebelle par sa conversation, l'ayant rencontré sur la route un mile en arrière.

"A un mile en arrière", s'écria Strange, "alors il reviendra ici."

"Non", dit Castleleathers de son ton méthodique, "non, je ne pense pas, car il est monté à bord d'un navire pour la France."

Strange poussa une exclamation de dégoût.

"Je t'avais dit qu'il te renverserait, Rob, le moment venu", dit-il avec un regard aigre.

Certes, cela ressemblait à cela.

Mais Castleleathers avait plus à dire.

"Voulez-vous me donner une audience," interrompit-il d'un ton maussade. "Muckle John serait venu, mais je ne lui ai pas conseillé."

"Tu l'as fait?" » cria Strange. "Mais c'est une trahison ouverte, major Fraser."

"Non", dit fermement Castleleathers, "oh non, je vous assure qu'il n'y a pas de serviteur plus fidèle du roi que moi. Mais je n'ai vu aucun service qu'il pourrait rendre à Rob, sauf pour le mettre en danger en tant qu'associé d'un jacobite notoire. "

"En effet", dit Strange, "mais Rob n'est pas si éloigné de lui-même. Il est assez suffisant pour prendre la place du pendu au-dessus de vous, major Fraser."

"Pardonnez-moi, non", répondit calmement Castleleathers, "ici, j'ai un pardon pour Rob signé par le duc lui-même."

"C'est un faux", s'écria Strange avec chaleur, "laisse-moi le voir."

"Dans mes mains, Capitaine Strange... non, reculez un tout petit peu... tenez la lumière plus haut, maintenant pouvez-vous voir ? Allez-vous contester cela, mon homme ? Il y a sa signature royale, bénissez-le !"

Strange le regarda sombrement.

"Il y a quelque chose d'étrange là-dedans", dit-il. "Je verrai le duc."

Castleleathers sourit.

« Jusqu'à Londres ? Il a demandé. "Le duc ne vous remerciera pas."

Au-dessus de leurs têtes, les chaînes hantées tintaient joyeusement. Cela devait être une plaisanterie rare de les envoyer tinter ainsi. Soudain, du bout de nulle part, il y eut un bruit semblable à un rire étouffé.

"Ca c'était quoi?" murmura Strange en regardant furtivement autour de lui.

"Je n'ai rien entendu", répondit Castleleathers, puis se leva, "mais il y a sûrement le bruit d'un cheval."

"Un cheval", dit Strange, "qui sait, c'est peut-être Muckle John lui-même."

"Non", corrigea Castleleathers avec calme, "non, je ne pense pas. Je pense - en fait, j'en suis sûr - que c'est ma femme."

"Votre femme!" s'écria Rob, qui avait enfin réussi à se débarrasser du bâillon et qui avait apparemment été oublié dans la discussion.

Castleleathers changea de position.

"Bénis-nous", dit-il, "je t'avais complètement oublié, Rob, tu étais si silencieux. Qu'est-ce qui ne va pas chez toi ?"

"Je suis pieds et poings liés."

" Pitié, " dit Castleleathers, " mais vous avez une manière étrange avec vous, Capitaine Strange. Vous y êtes, Rob, " et il le libéra, " et maintenant, qu'y a-t-il de si merveilleux à ce que j'aie une femme ? Elle est votre ain. tante Macpherson. Vous êtes mon neveu, Rob, et si jamais j'entends encore parler de cette affaire jacobite, je vous tuerai plus qu'elle ne l'a jamais fait, pauvre femme.

Il s'agissait bien de Miss Macpherson (ou plutôt de Mme James Fraser de Castleleathers), et à la vue d'elle Strange s'inclina très froidement, se souvenant de l'évasion de Fort Augustus, et appelant ses hommes disparus vers Édimbourg.

"Asseyez-vous un moment", dit Castleleathers, "même si c'est un endroit assez morne pour les réunions de famille."

Mais Rob ne regardait que la mer, où la lune déversait un large chemin d'argent sur l'eau frémissante.

"Est-ce que Muckle John ne vous a pas donné de message pour moi ?" Il a demandé. "Il faudra du temps avant que nous le revoyions."

Castleleathers jeta un coup d'œil par-dessus son épaule.

"Pour être honnête, Rob," dit-il, "je ne l'ai jamais vu du tout. Peut-être qu'il arrive ou peut-être qu'il n'est pas aussi loin que vous le pensez."

"C'était un drôle de yin", remarqua Mme Fraser, "même s'il avait un certain sens avec lui, remarquez. Cette nuit-là à Inverness, Rob, c'était une scène. Là, je dansais comme un jeune yin, et tout sur un un morceau de mélodie, il sifflait quelque chose comme ça..." et elle essaya de siffler, mais échoua de la manière la plus flagrante.

"Non", a déclaré Rob, "c'était plutôt comme ça", mais il n'en avait aucune idée.

"Vous sortez tous ensemble", criait une voix dans la nuit. "Ce n'était pas ça ?" et le vent d'ouest emportait le rythme de la bobine jusque dans la nuit.

"Où est-il?" chuchota Castleleathers en regardant autour de lui.

"Ce n'est pas malin", dit sa femme en frissonnant.

"Muckle John!" s'écria Rob.

La mélodie s'arrêta, et soudain, comme au milieu d'eux, avec l'horrible chose au-dessus de leurs têtes qui craquait et claquait, la voix de Muckle John chantait, et voici les mots qu'il chantait :

Balancez-vous dans la grêle et la neige,
Les fléaux morts s'entrechoquent à l'aube jusqu'à ce qu'il n'y ait rien, Crac-cracez le
corbeau à capuchon, Du soleil levant au clair de lune gris.

Une alouette s'envole allègrement au-dessus des sables de Leith,
"La vie n'est qu'une bagarre d'argile", chantait-il. "La mort n'est rien d'autre qu'une
gaine vide" Craquez, craquez, craquez, gémit l'arbre du gibet.

Les vagues s'agitent en groupe sur le rivage,
Une mouette rit en effleurant la mer,
Mais un huard inconsidéré ne rira plus
pendant qu'il se balance d'avant en arrière sur le gibet.

Le nicht revient sur la marée froide et grise,
Le vent soupire sur la mer stérile, Oh, que l'obscurité puisse cacher à jamais Le huard
irresponsable sur le Gibet.

Un garçon arrive au tournant de la nuit :
« C'est par ici qu'il a dit qu'il serait... Il y a un navire en mer avec une lumière dorée,
mais pas de Muckle John sous le gibet.

Balancez-vous dans la grêle et la neige,
Les fléaux morts s'entrechoquent à l'aube jusqu'à ce qu'il n'y ait rien, Crac-cracez le
corbeau à capuchon, Du soleil levant au clair de lune gris.

C'était au-dessus d'eux dans les airs, sinon ils devenaient fous.

Soudain, la chanson cessa et, avec un grand bruit de chaînes, le fardeau du gibet tomba avec fracas, et Mme Fraser fut alors dangereusement près de s'évanouir pour la première et la dernière fois de sa vie.

Avec un grand bruit de chaînes, le fardeau du gibet tomba avec fracas.

C'ÉTAIT MUCKLE JOHN !

"Bonsoir à vous", cria-t-il, "et rare chance aux mariés. Eh bien, Rob, c'est donc bien d'être un homme libre et c'est une bonne fin pour une cause courageuse."

"Mais vous, Muckle John, et vous ? Allez-vous en mer ce soir ?"

Il secoua la tête.

"Pas encore", dit-il, et il tint Rob par la main pendant un moment sans rien dire. Puis, sortant son sifflet de sa poche, il se mit à danser et, à la lumière jaune de la lanterne, il se mit à danser sous le gibet vide.

Il fallait des gens plus gentils que les Fraser pour rester immobiles quand ce genre de chose se produisait. Une fois de plus, Rob et sa tante l'ont bien fait trébucher, et Castleleathers, cette montagne de chair et de muscles, n'a pas été en retard.

C'était un spectacle étrange, avec cet endroit abandonné, et les cris de la mer, et la lumière étrange et clignotante et les silhouettes noires sautillant comme des fantômes sous un ciel étoilé.

Ils ont dansé jusqu'à ce que tout leur souffle ait disparu, et ils se sont arrêtés simplement parce que la musique n'était plus là. Car, invisible pour quiconque, Muckle John s'était enfui doucement en jouant tandis qu'il avançait, passant comme une ombre, ou un rêve, ou un souvenir, dans les vastes ténèbres.

Ils restèrent debout pendant un certain temps pour en capter les notes persistantes, puis elles furent rassemblées dans la nuit et devinrent une partie de la mer, du vent et du doux chant de la bruyère bruissante, et ainsi disparurent.

Et ce fut la fin de Muckle John.